# F #* % Mi Jefe

Libro Para Colorear Para Adultos De Alivio De La Tensión

**Coloring Bandit**



Publicado por Speedy Publishing Canada Limited

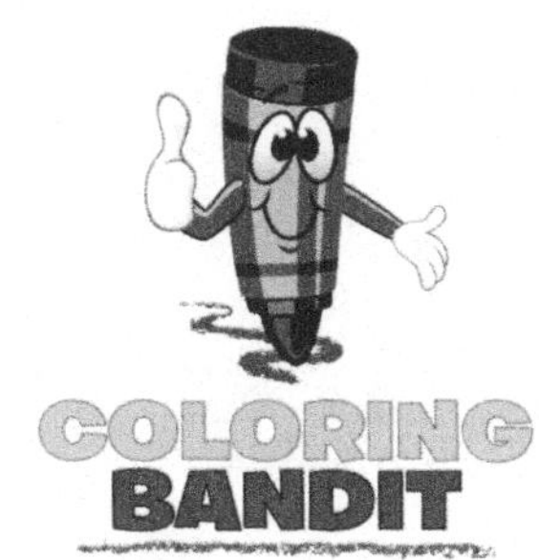

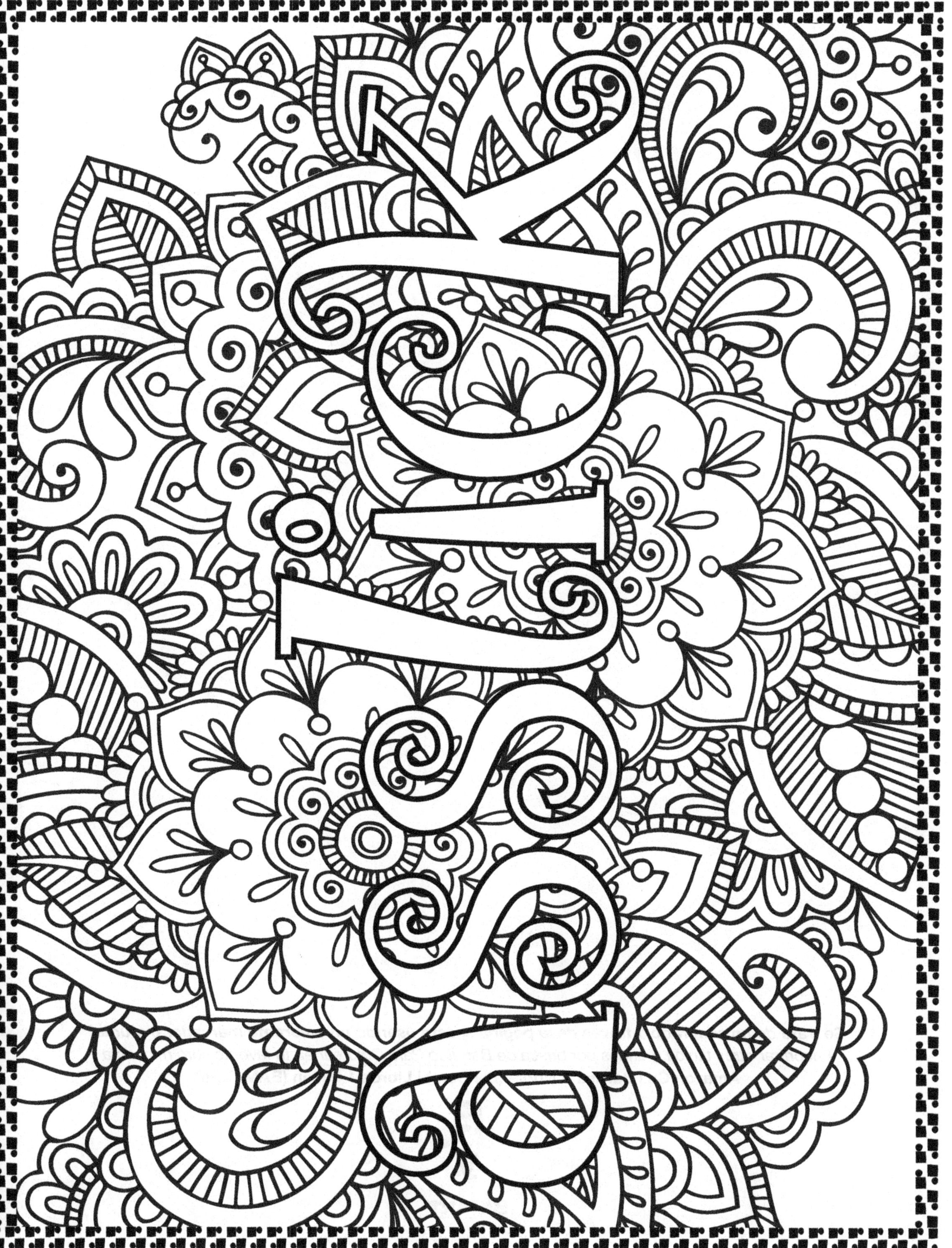

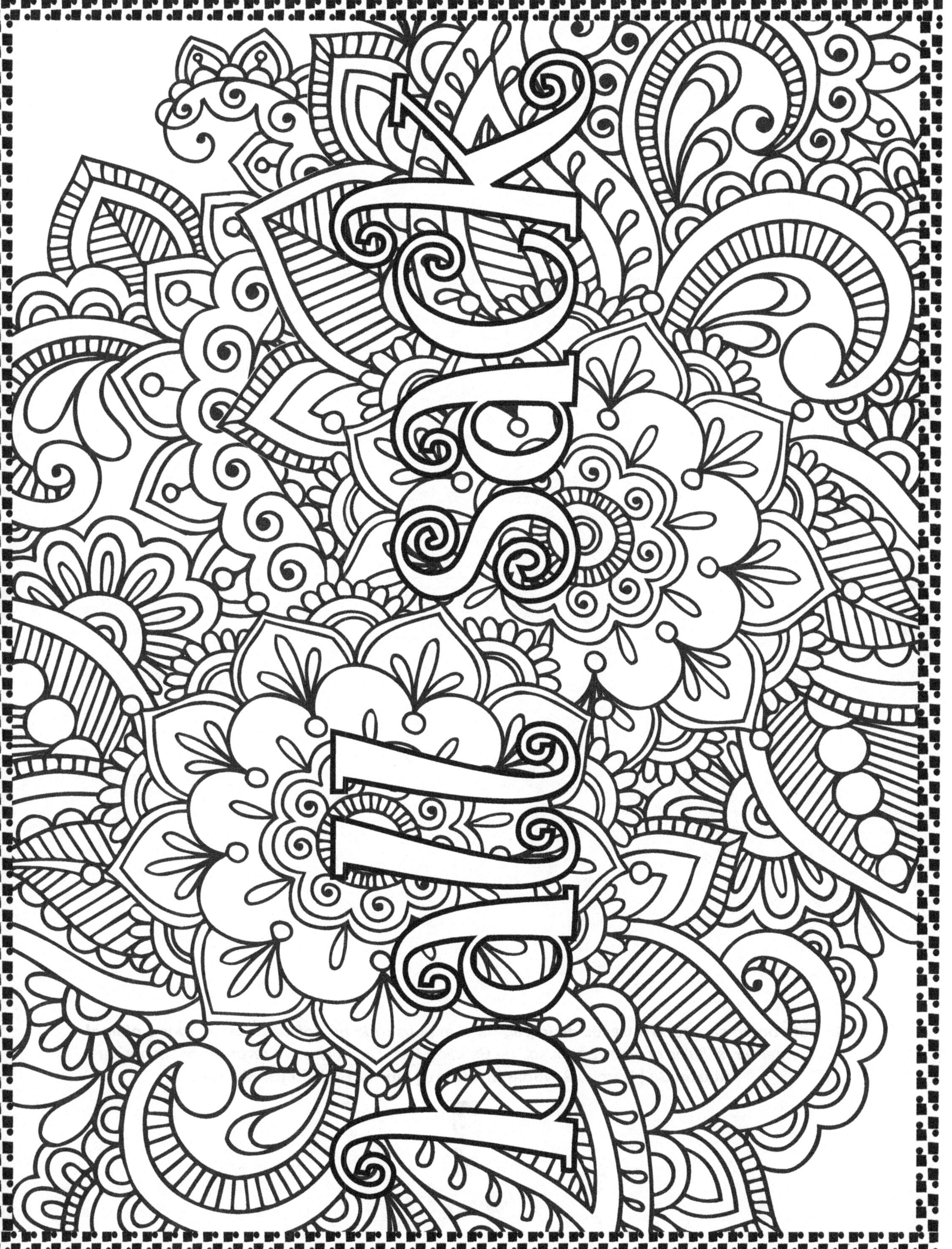

**Se trata de un sangrado a través de la página si está usando un colorante marcador o pluma!**

*Encontrar otros títulos grandes por busca de <u>Bandido Para Colorear</u> en tu favorito libro minorista*

**Amazon.Ca | Barnes & Noble (BN.Com) | Libros 1 Millón (BAM.Com)**

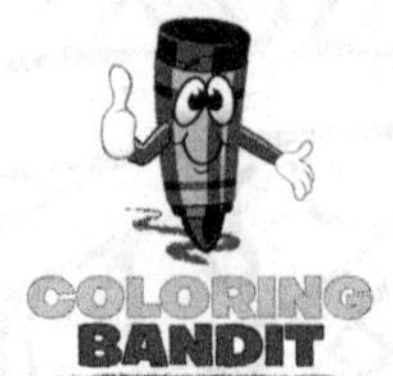

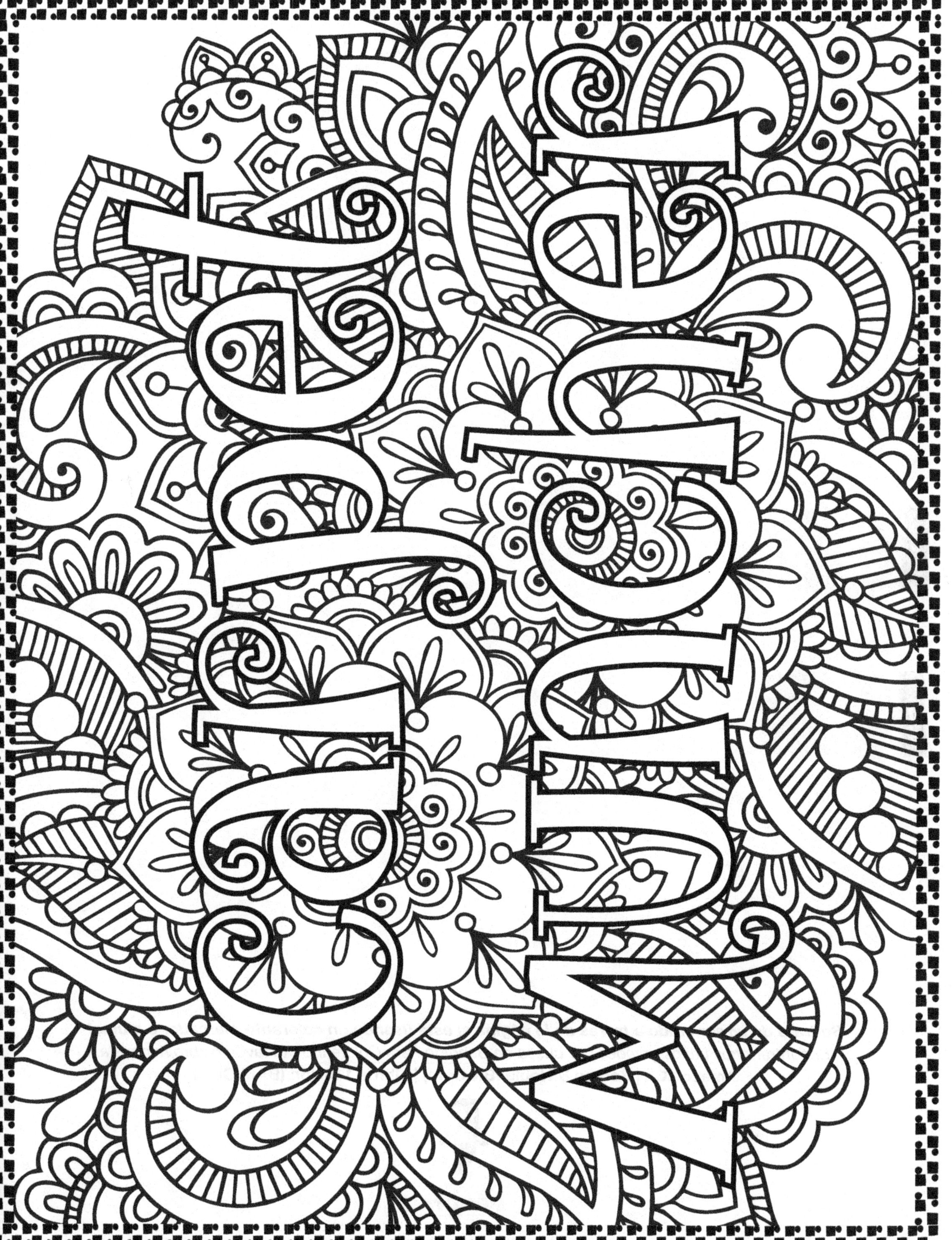

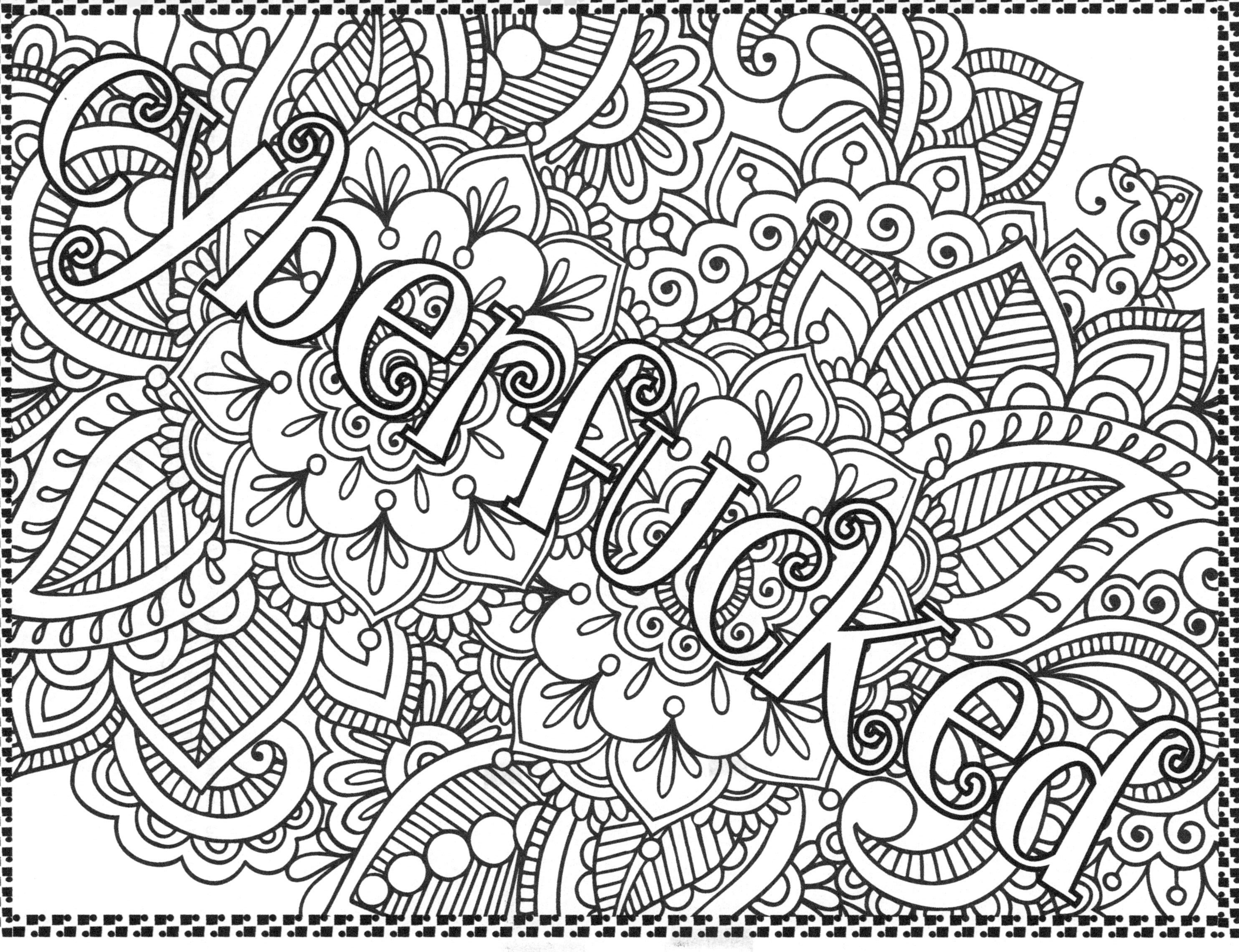

überfucked

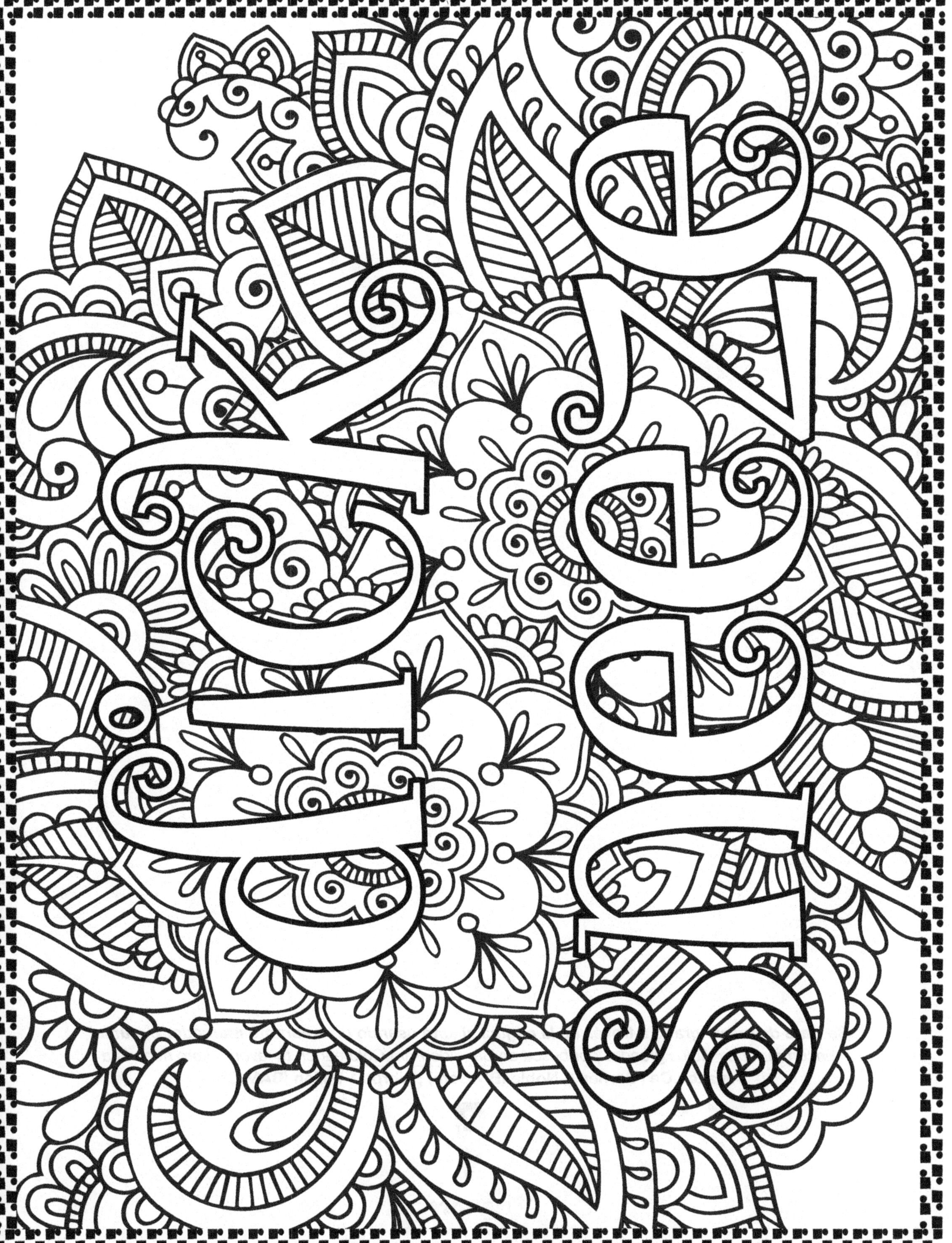

**Se trata de un sangrado a través de la página si está usando un colorante marcador o pluma!**
*Encontrar otros títulos grandes por busca de* <u>Bandido Para Colorear</u> *en tu favorito libro minorista*
**Amazon.Ca | Barnes & Noble (BN.Com) | Libros 1 Millón (BAM.Com)**

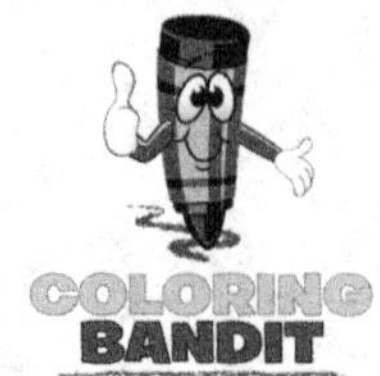

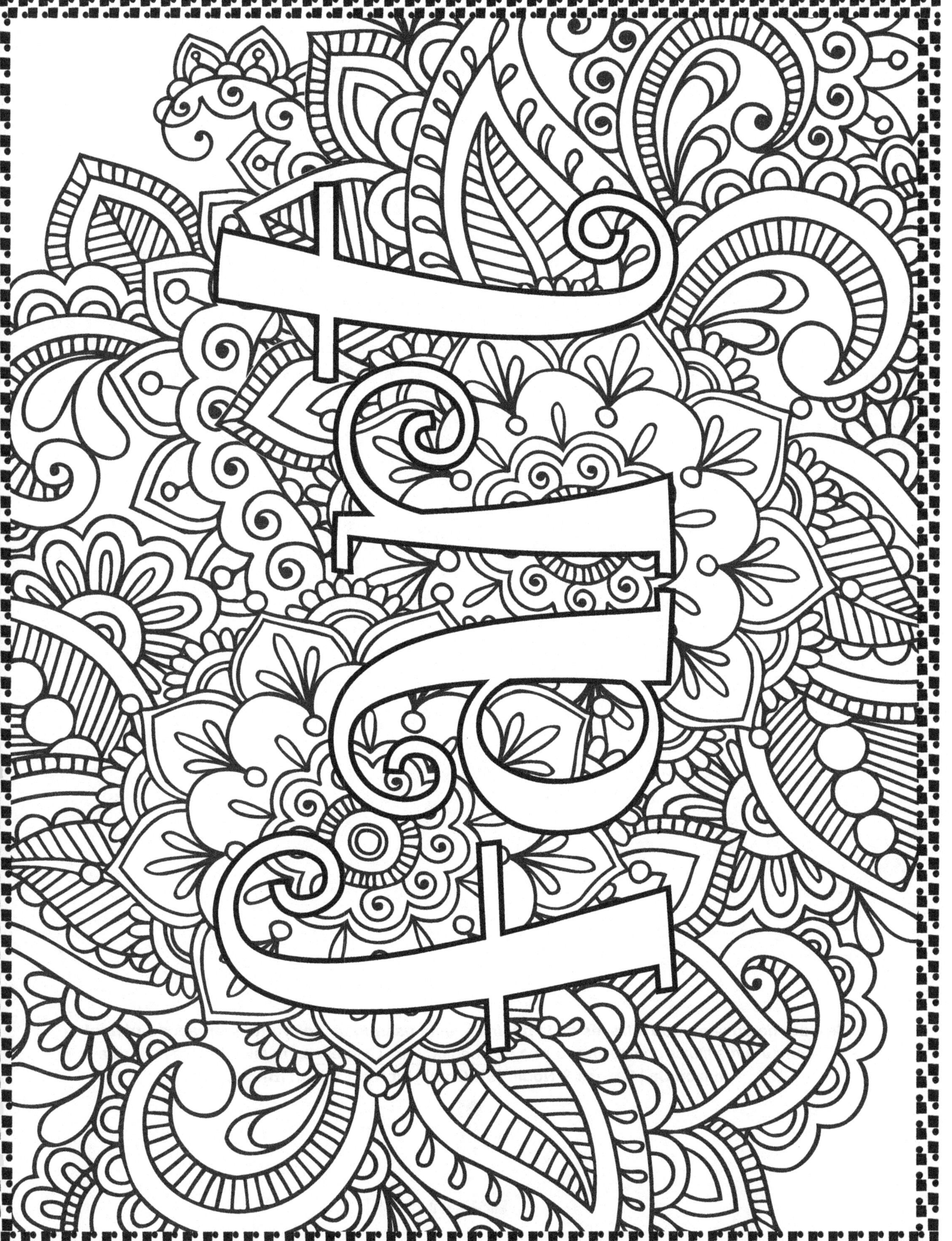

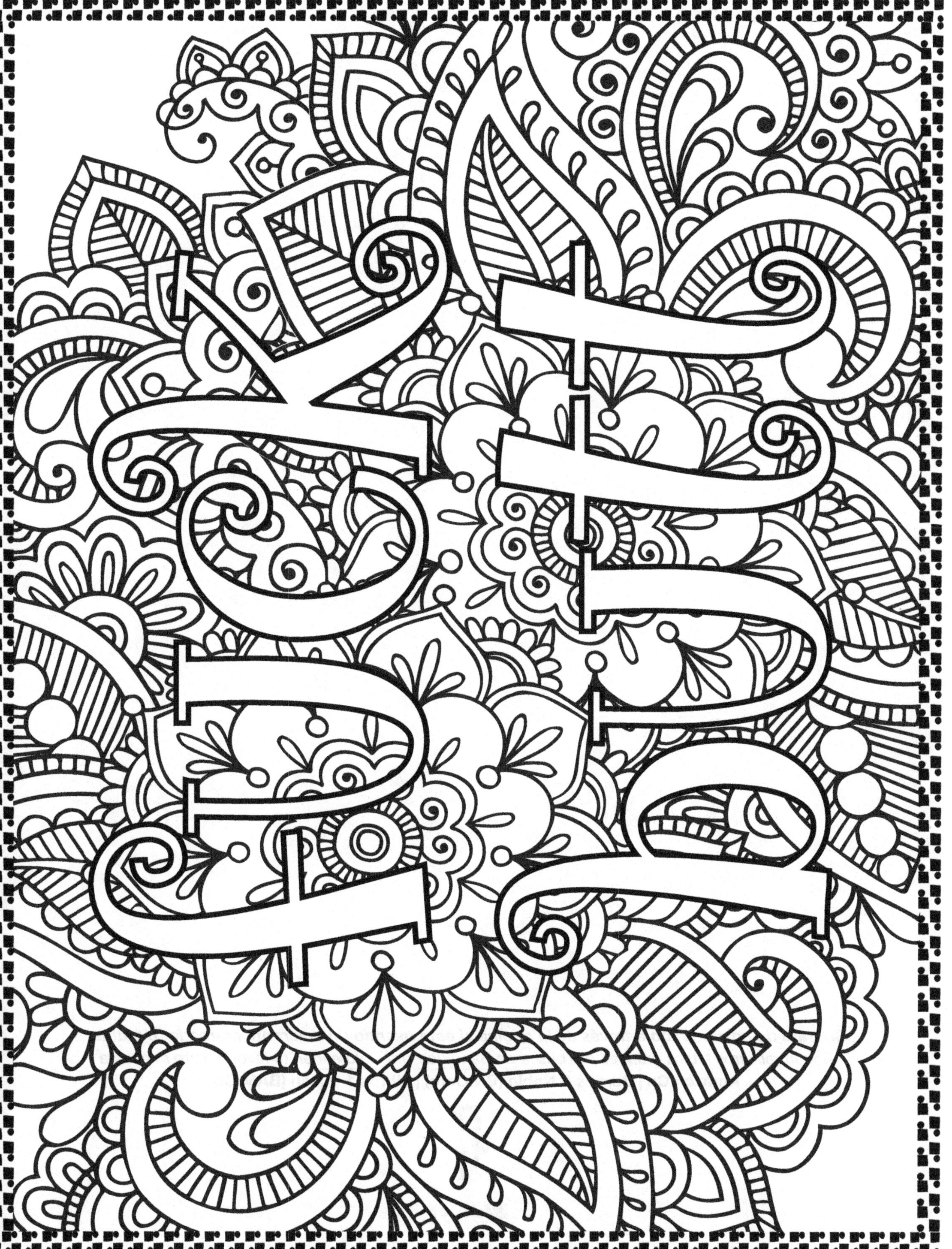

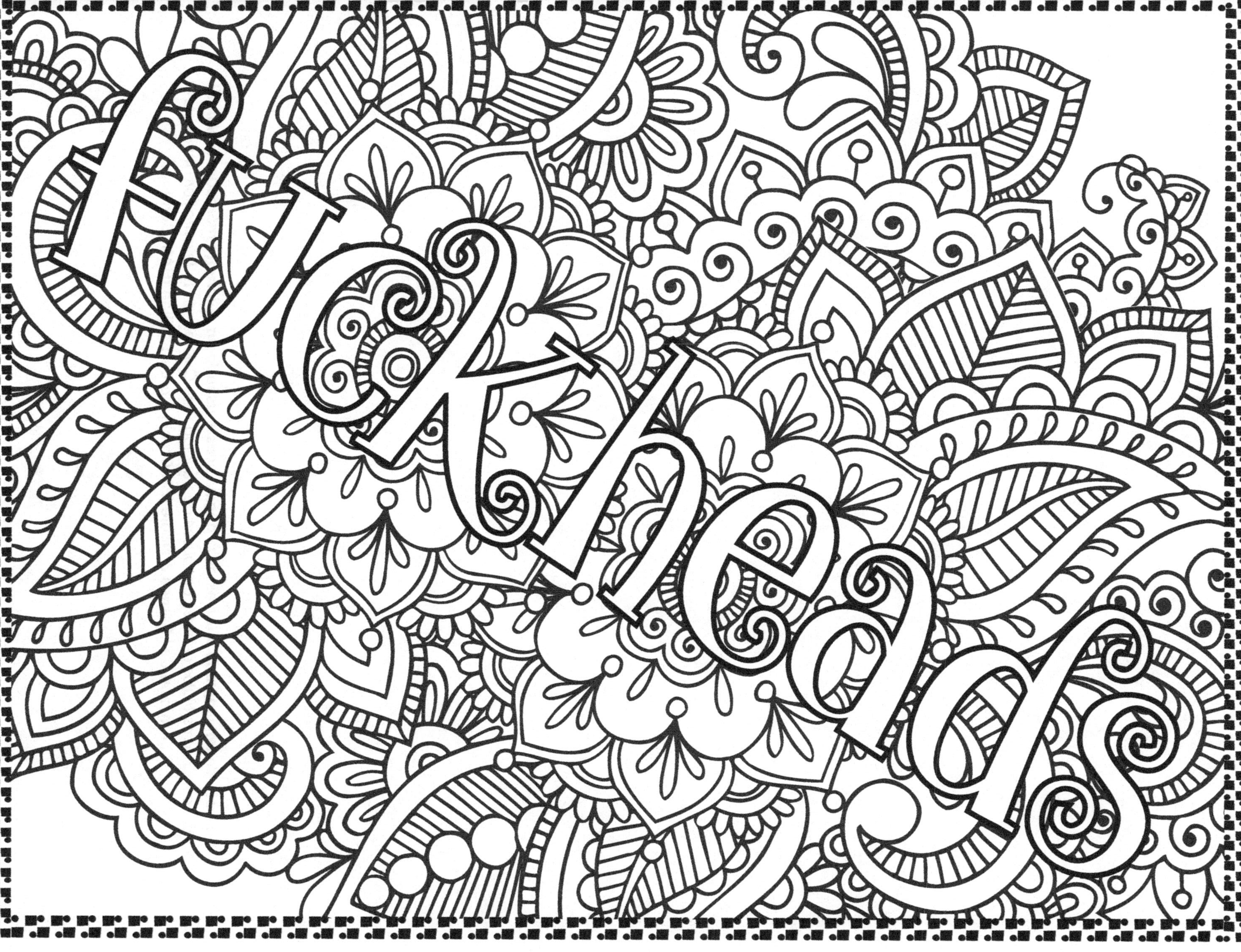
fuckheads

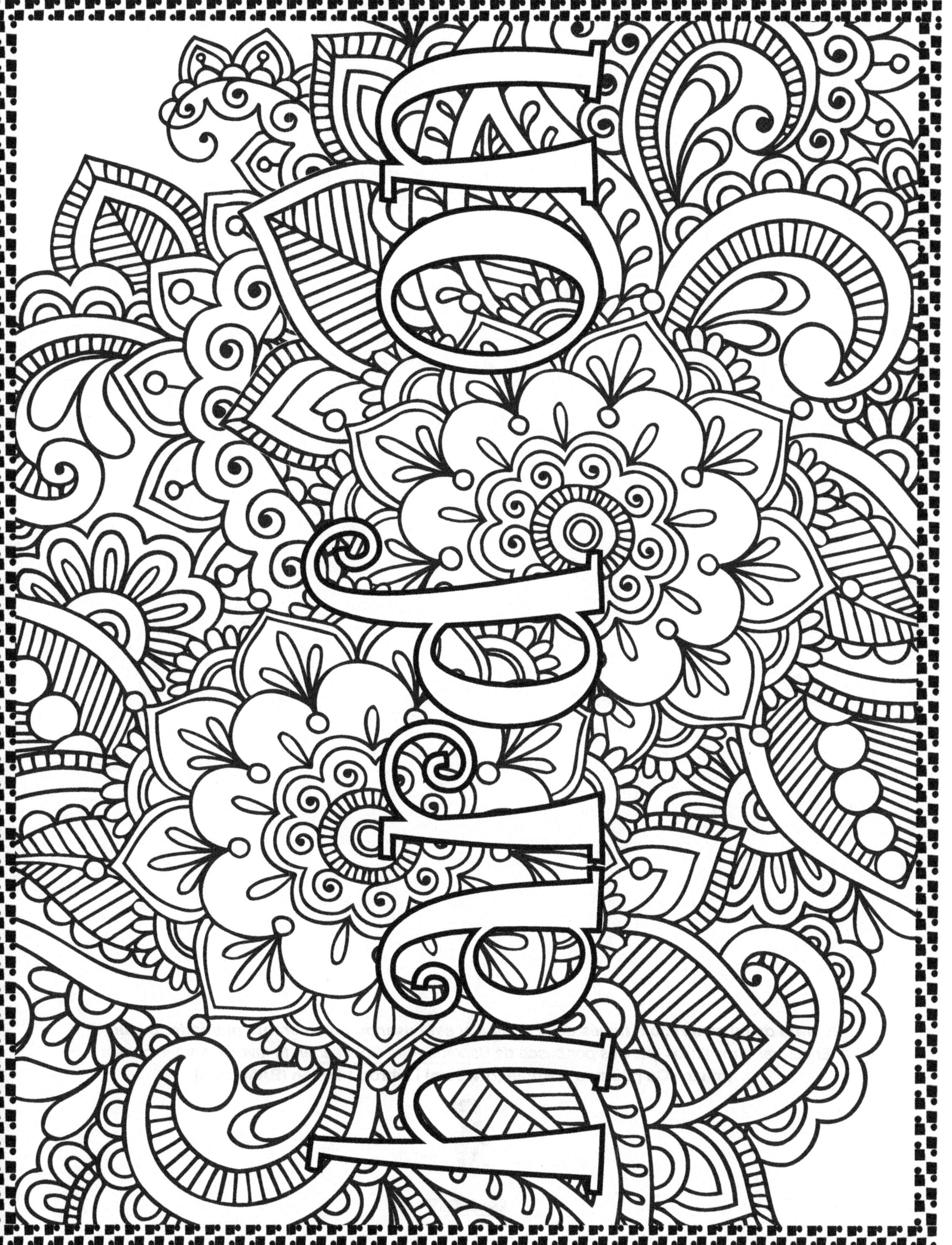
you are loved

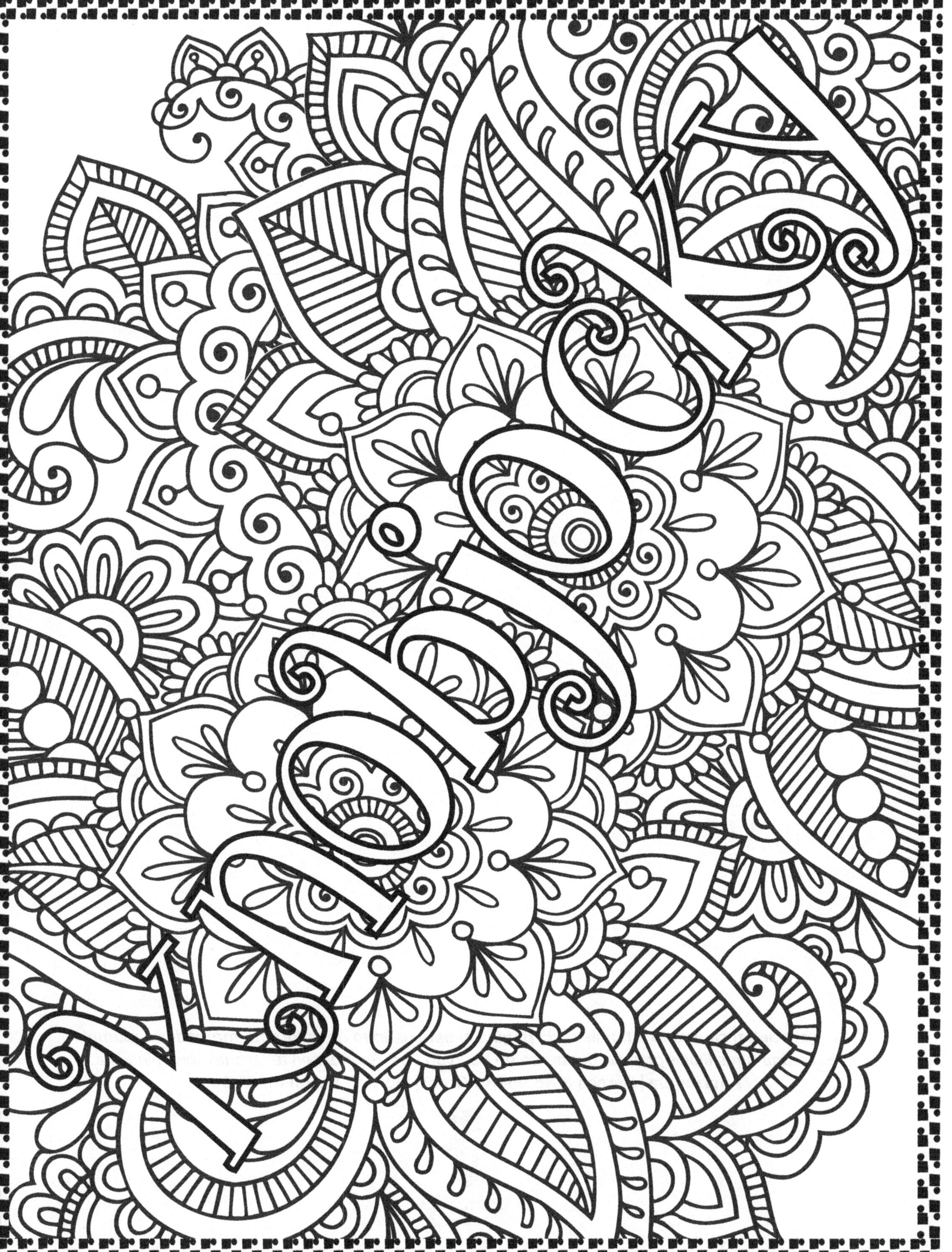

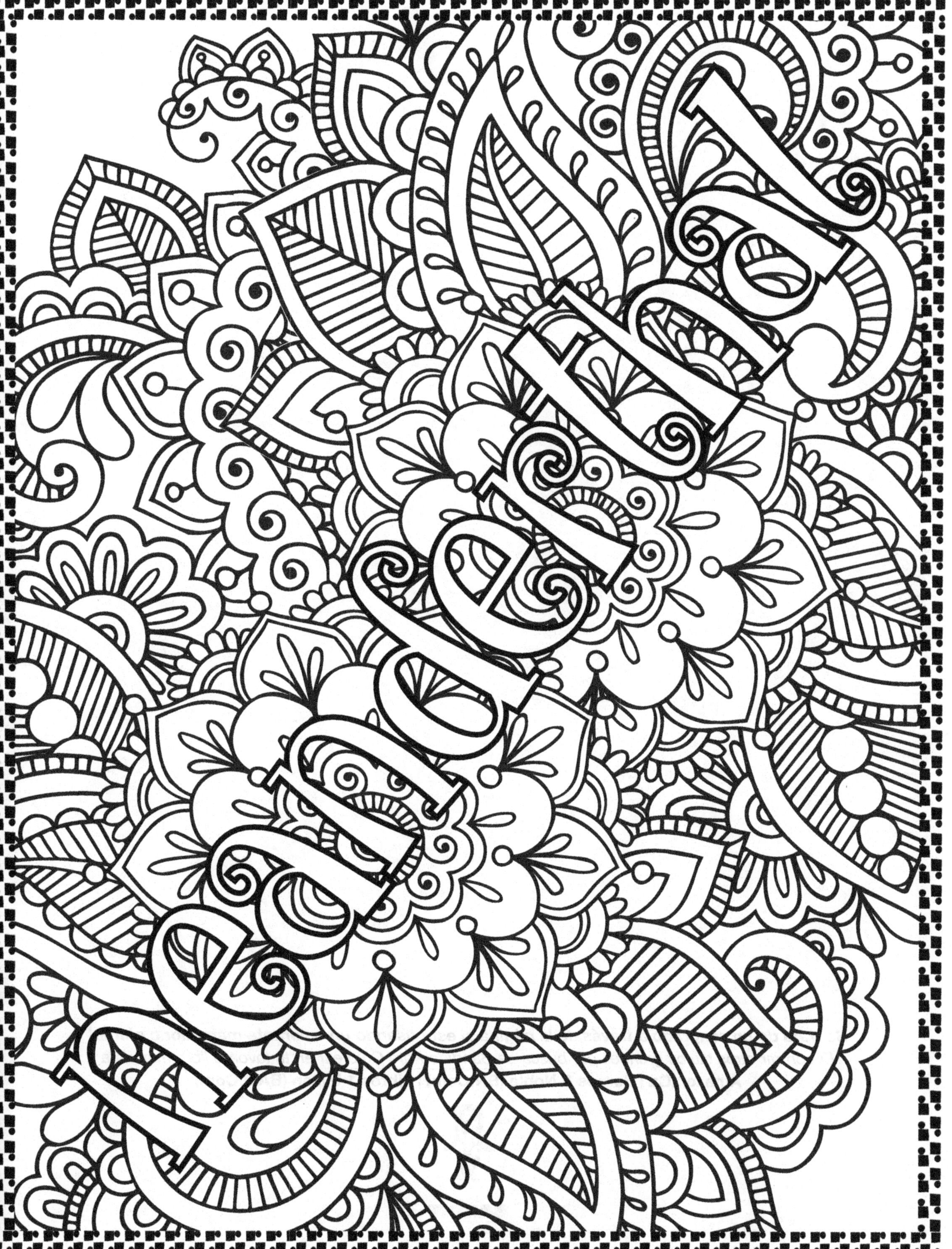

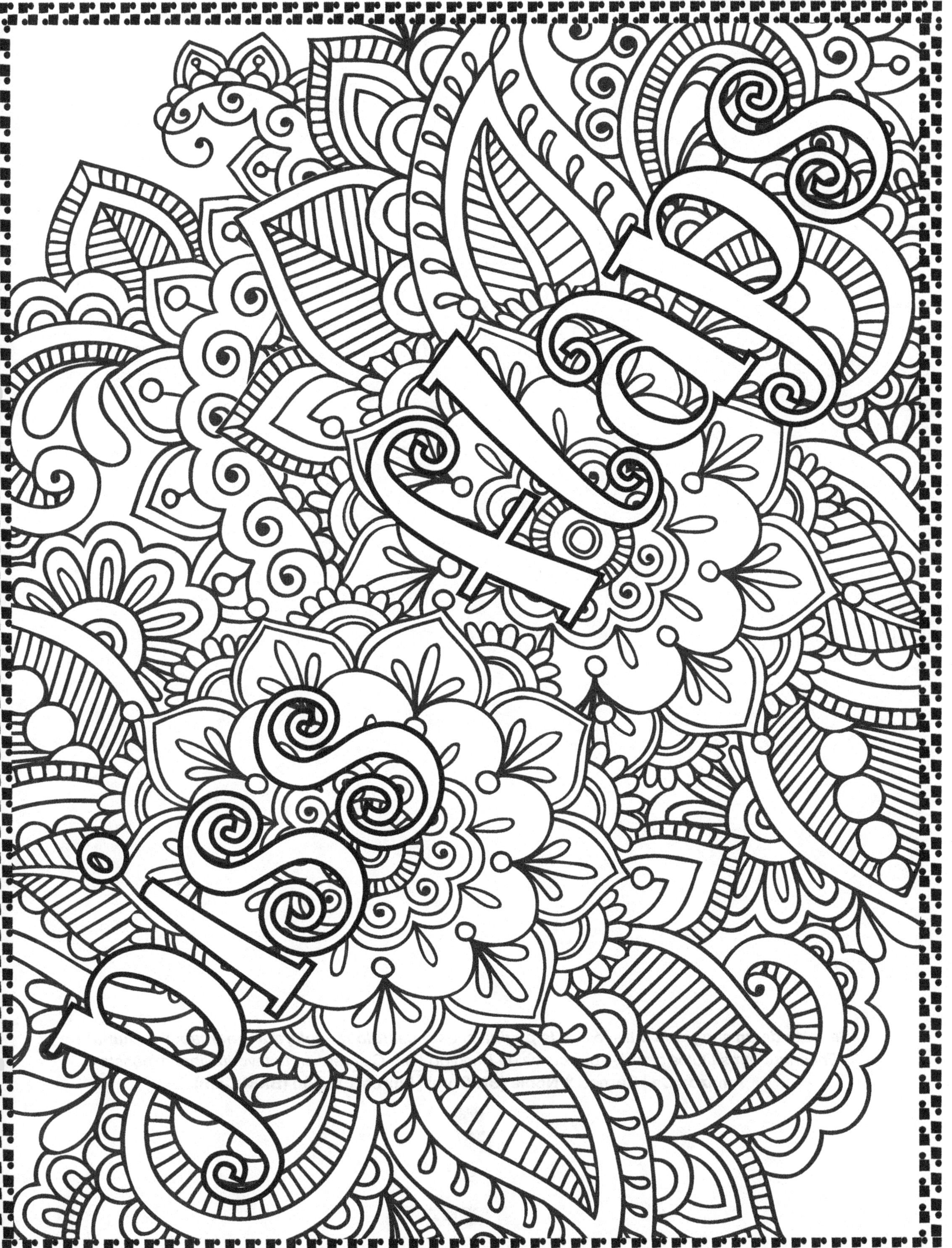

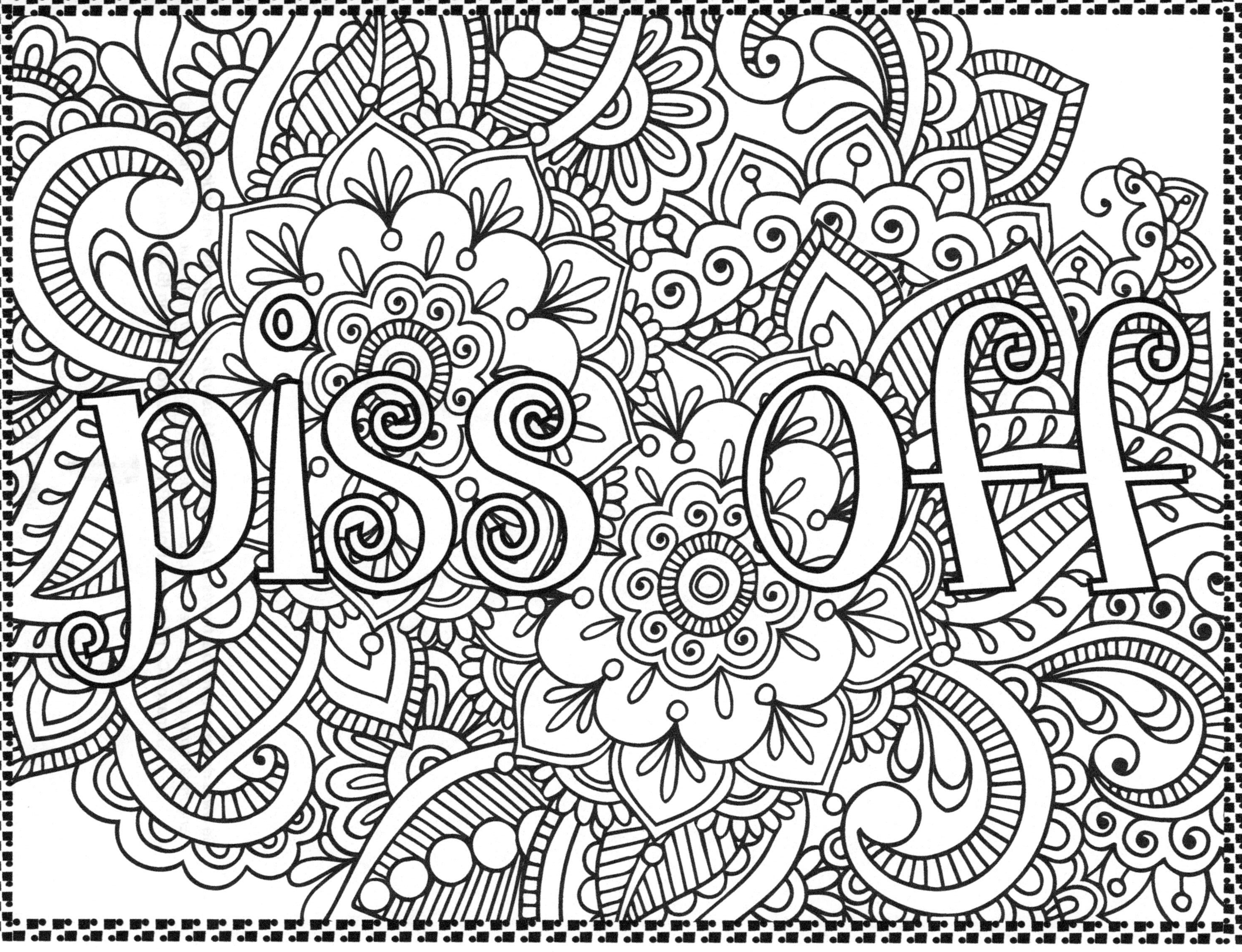
piss off

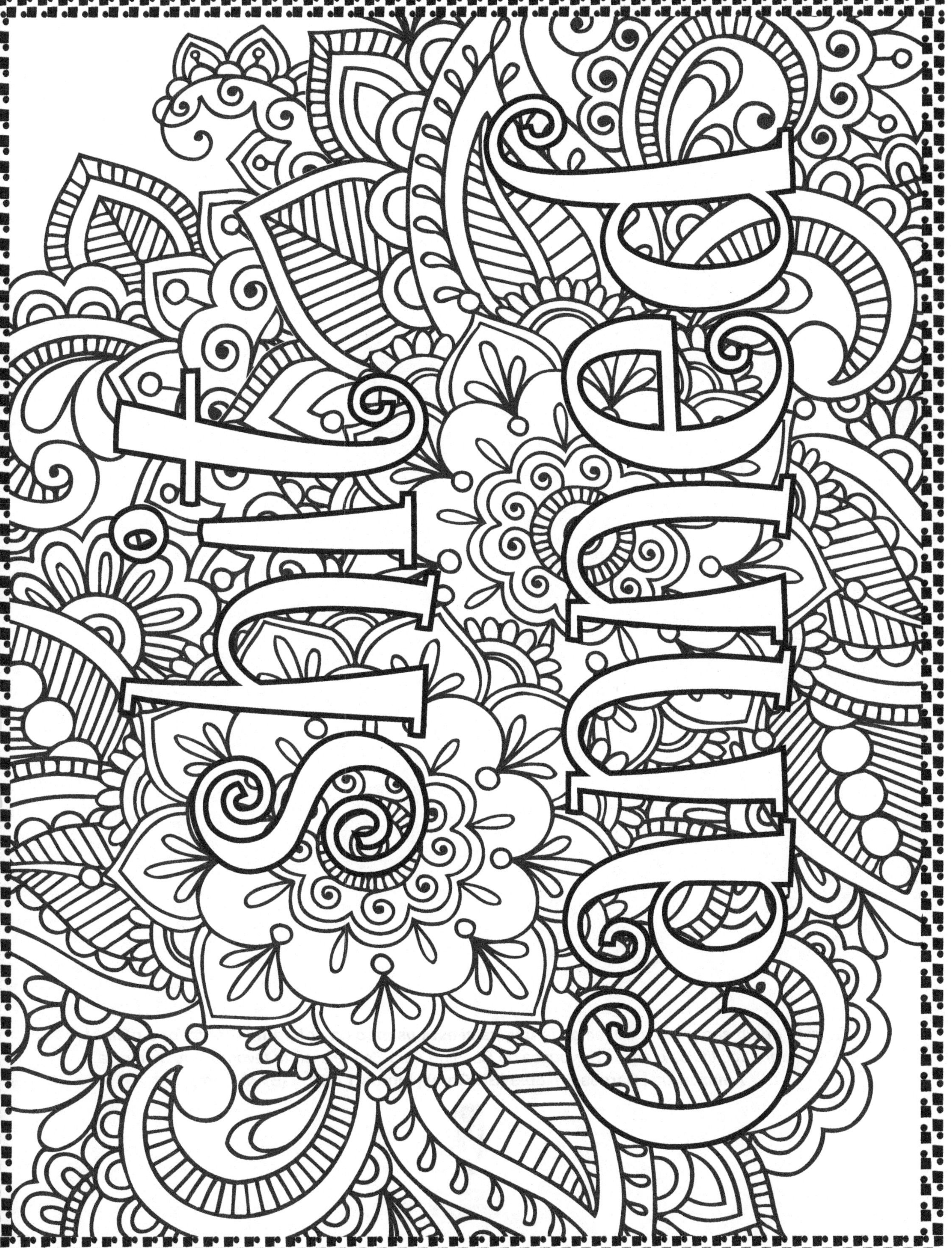

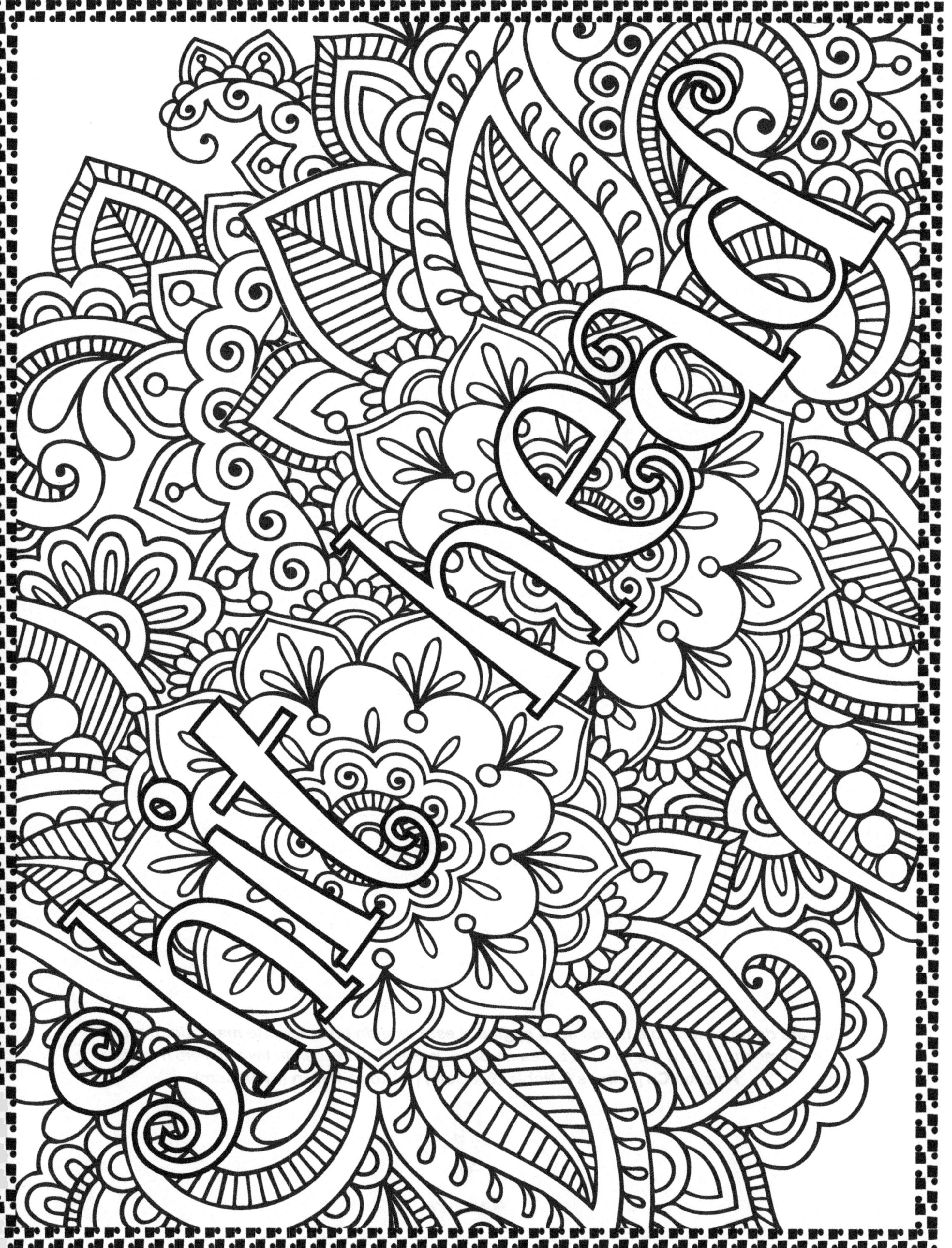

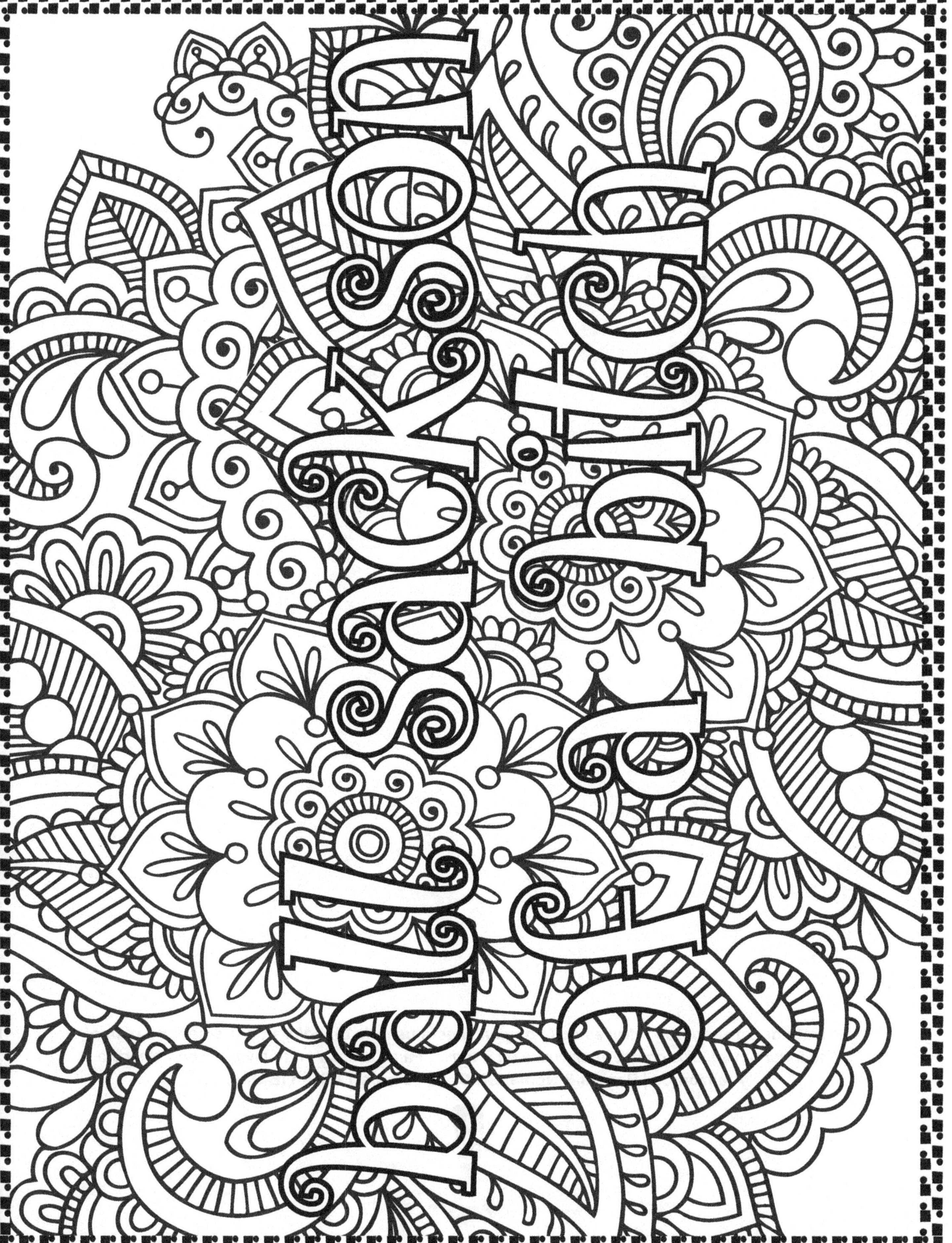

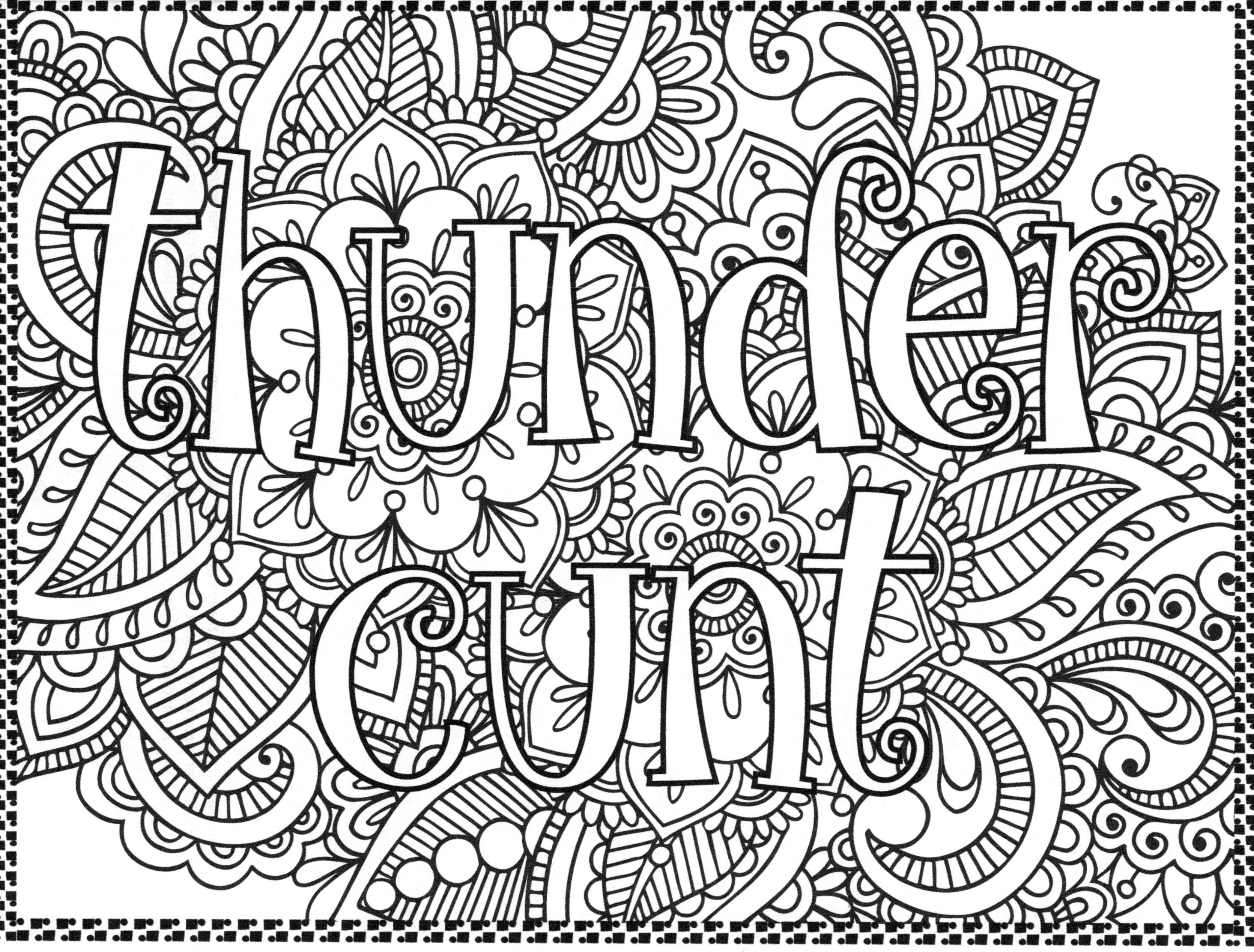
thunder
cunt

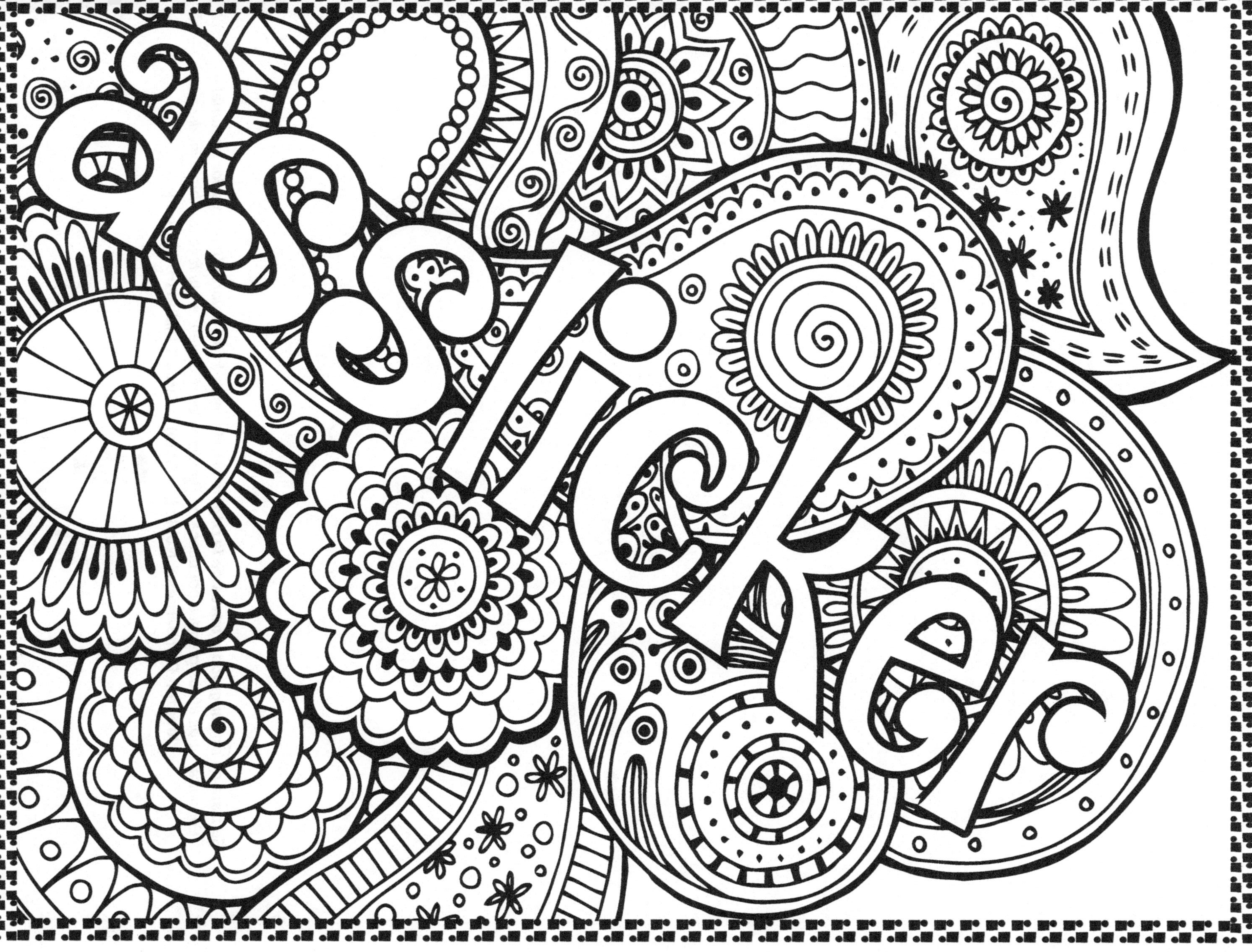
asslicker

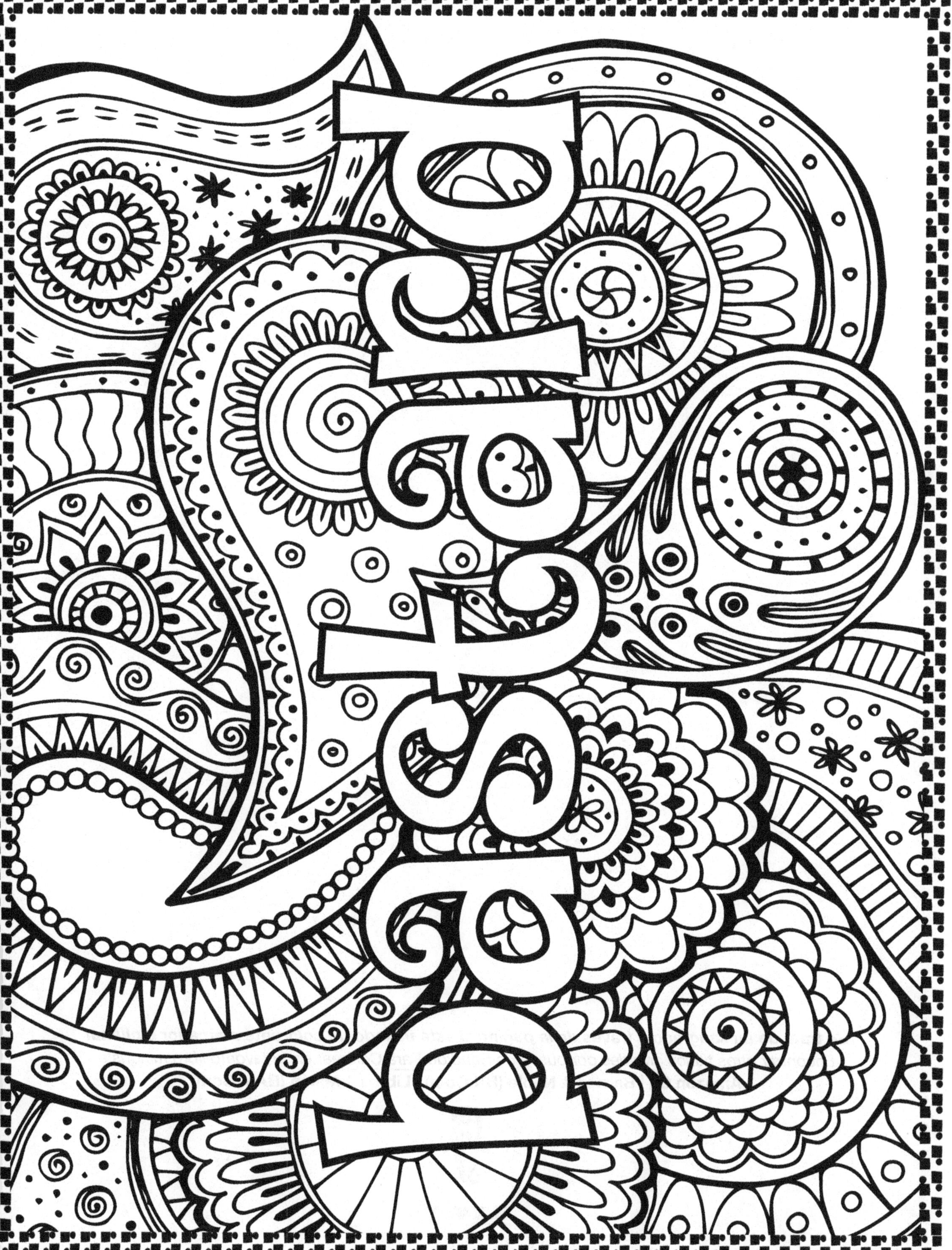

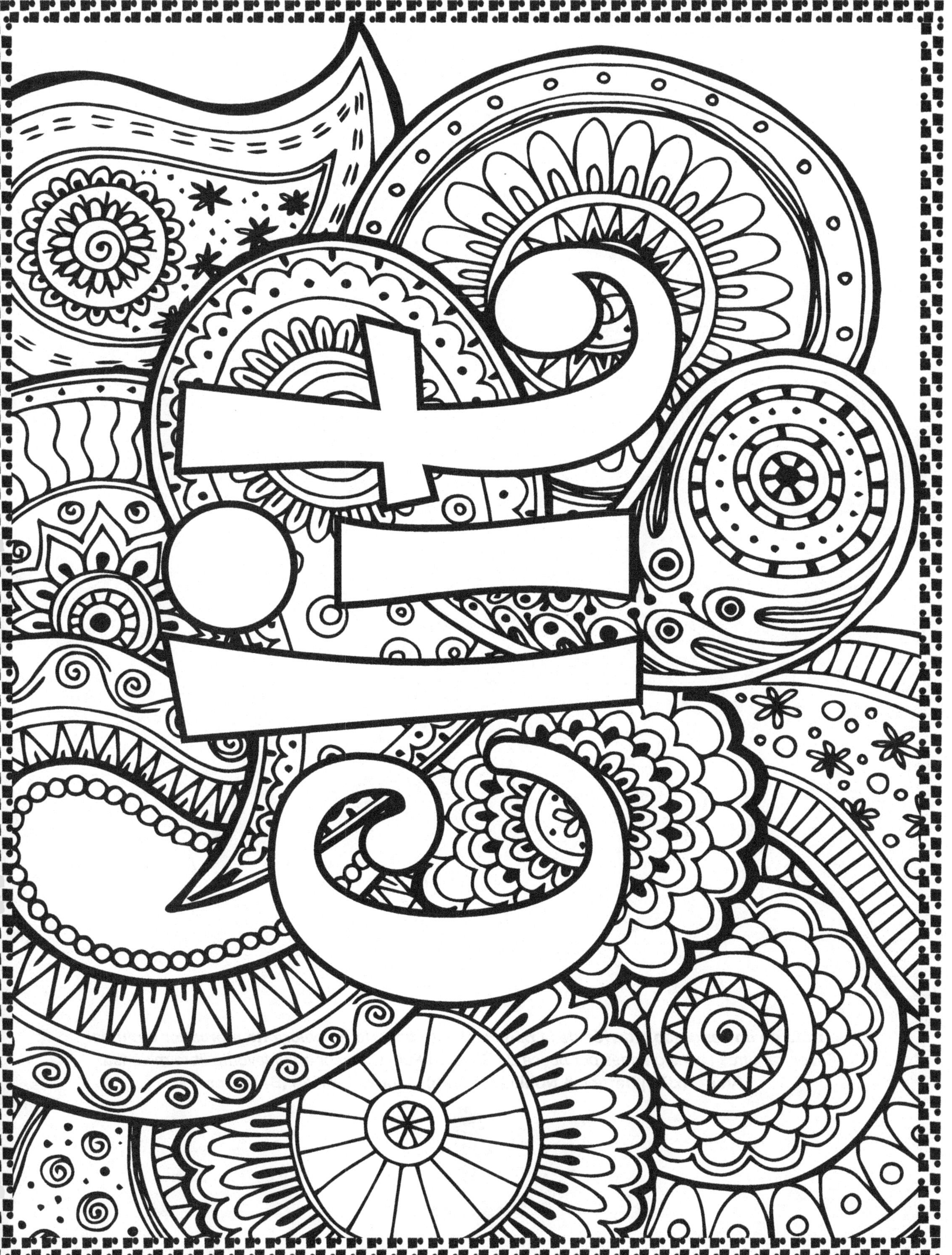

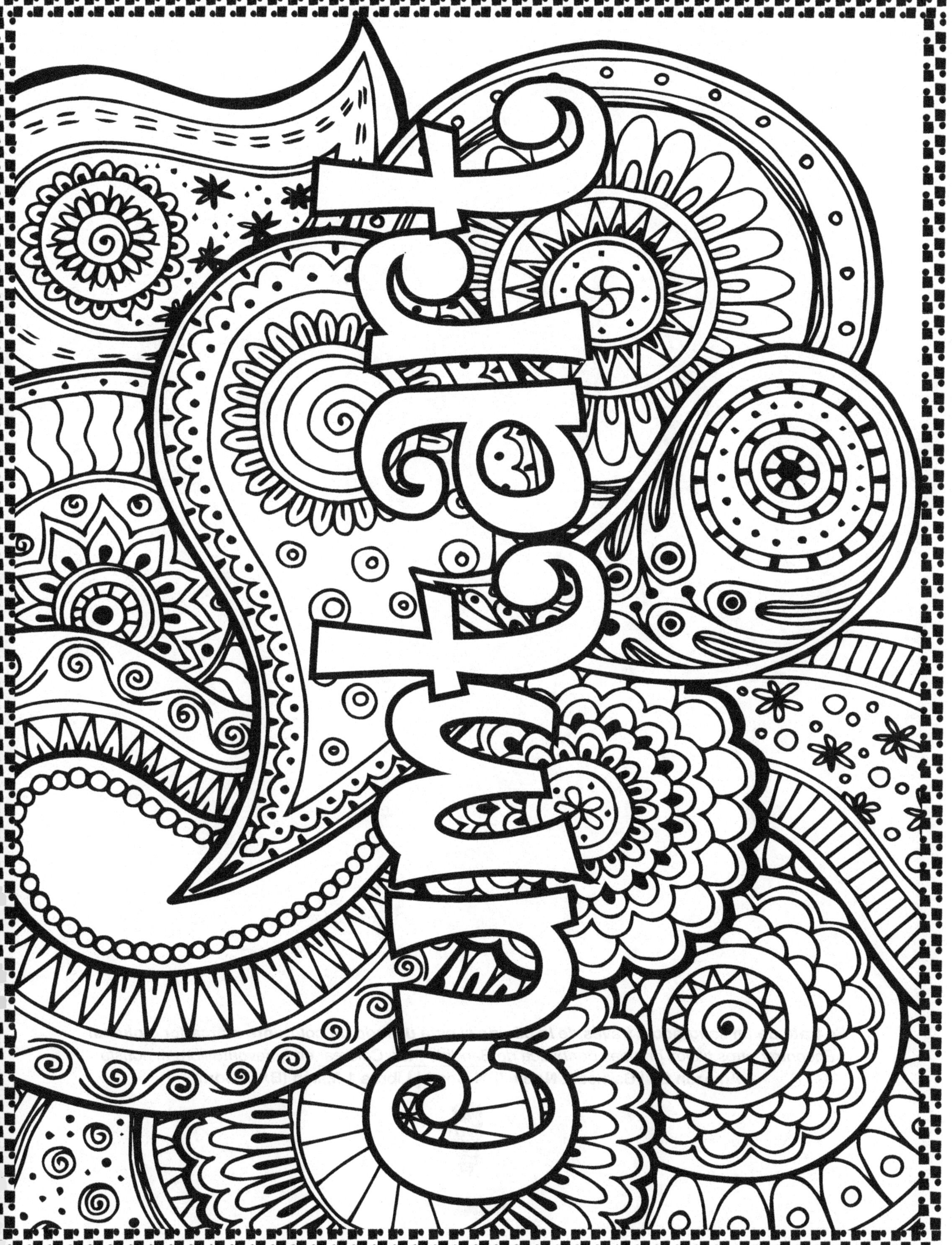

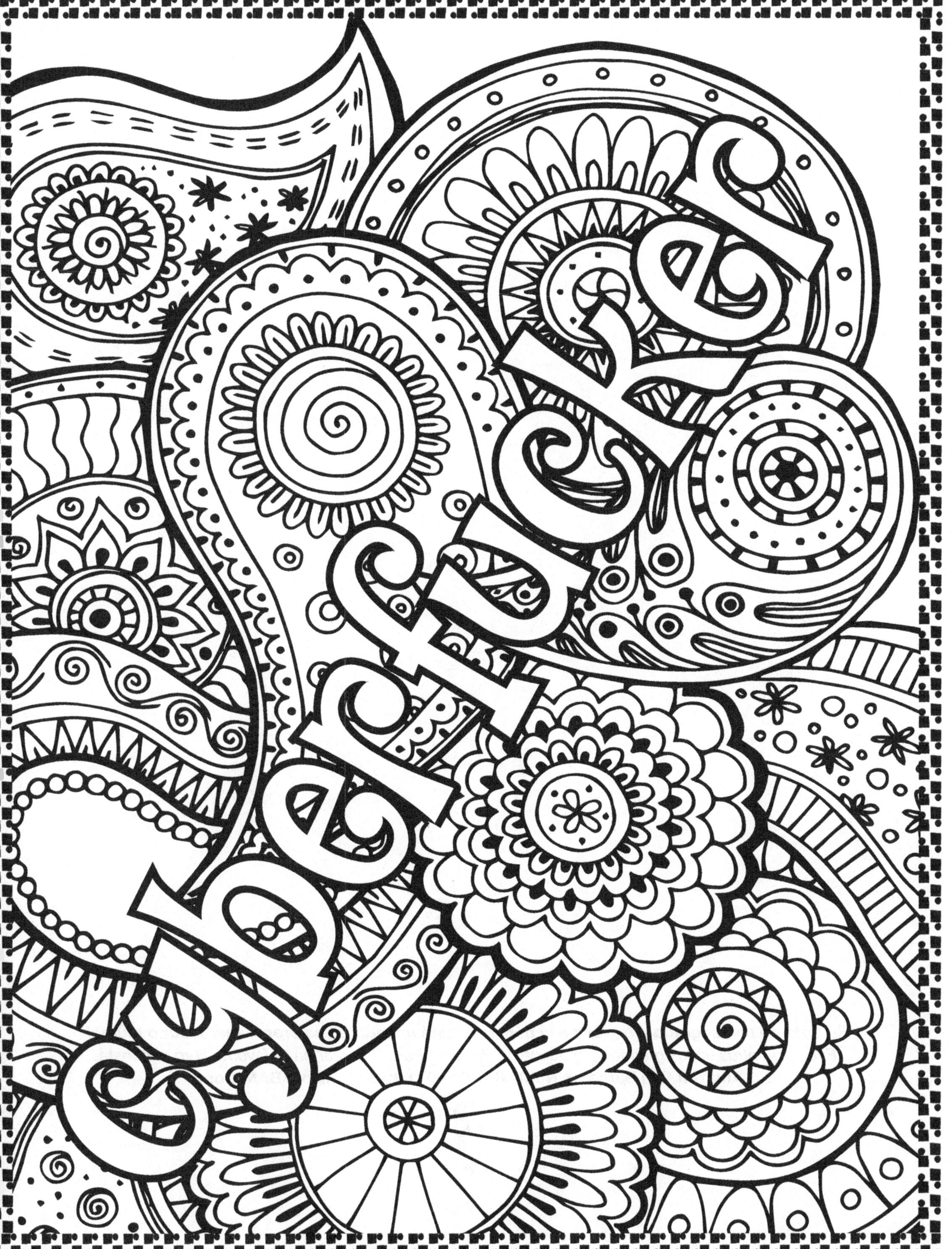

Cyberfucker

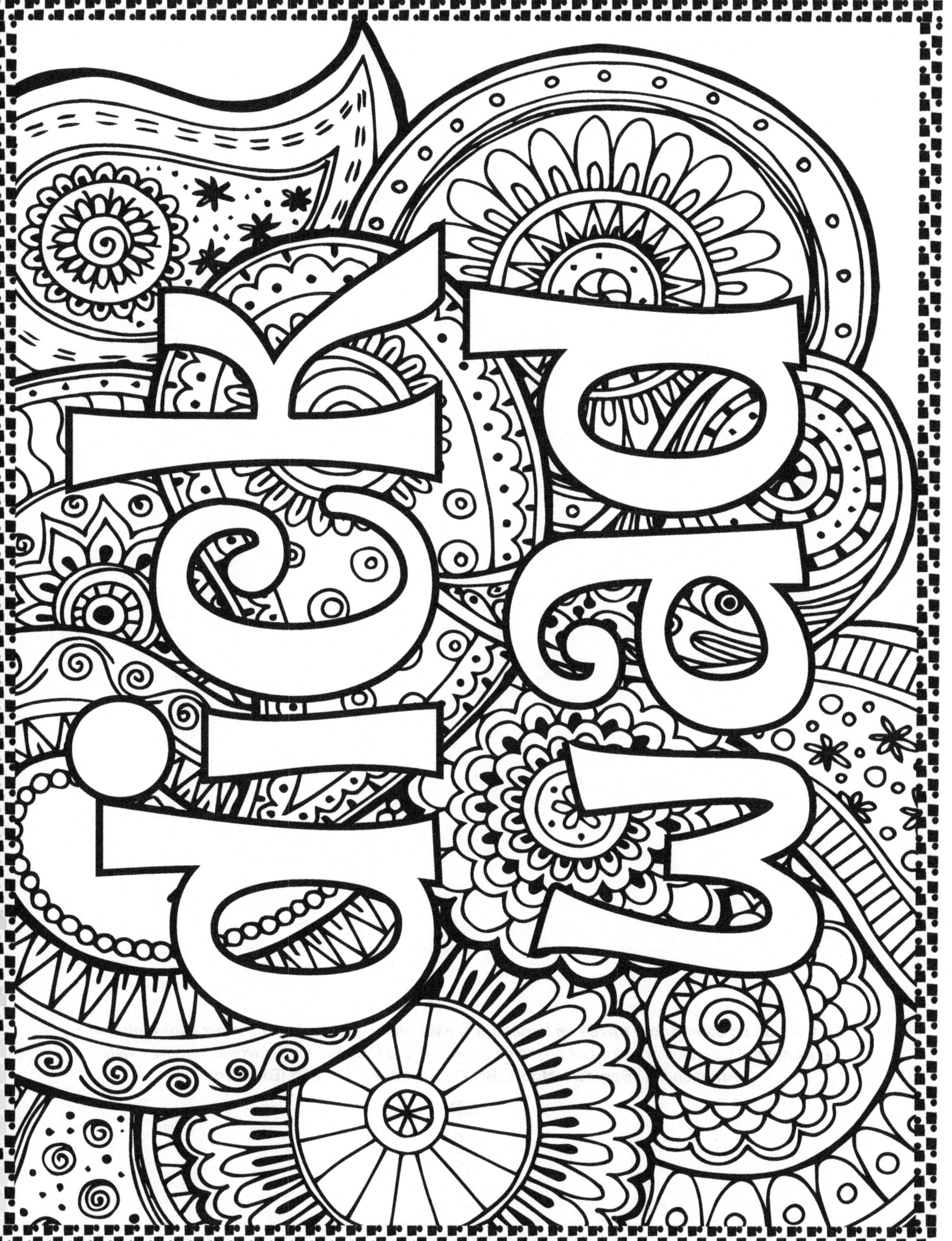

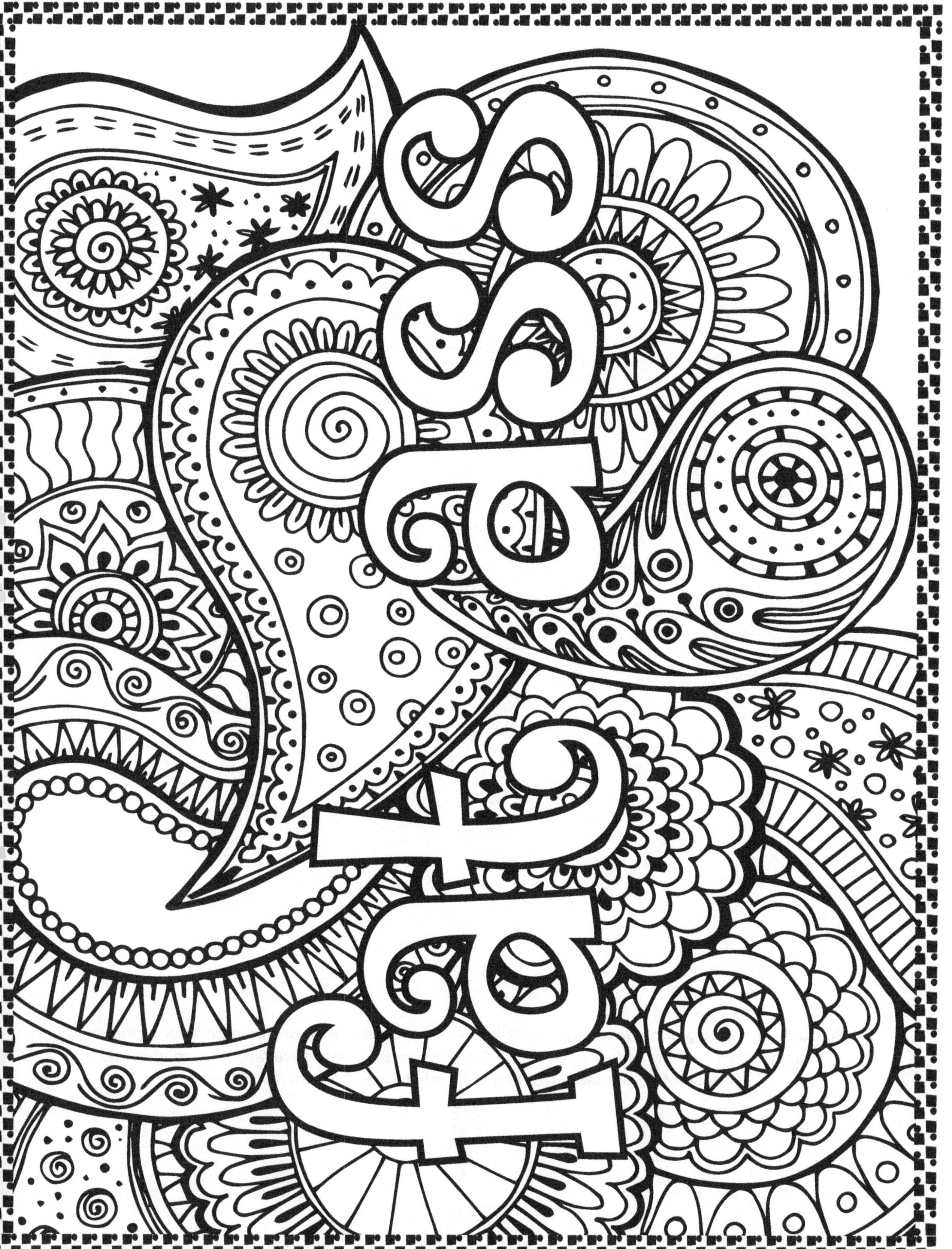

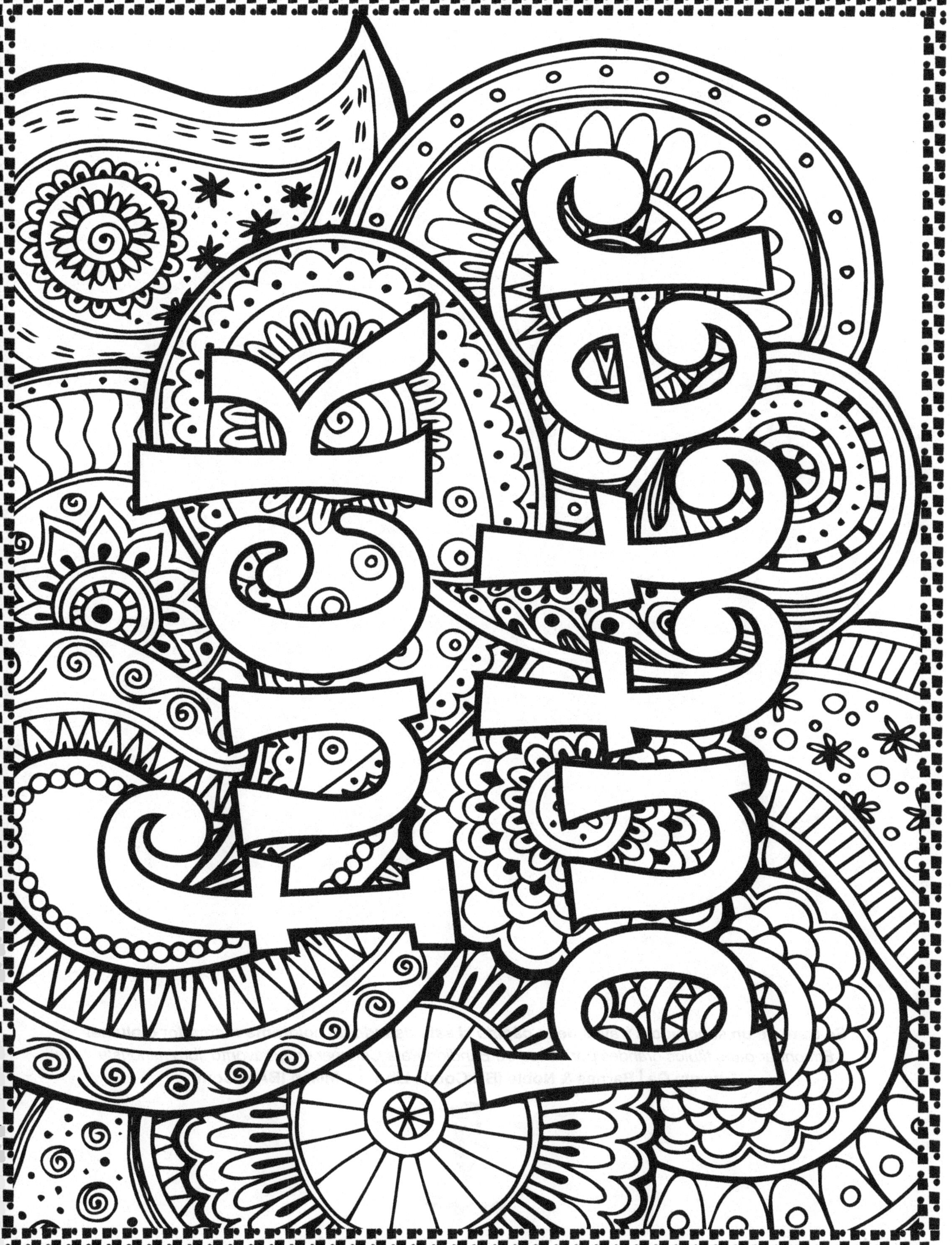

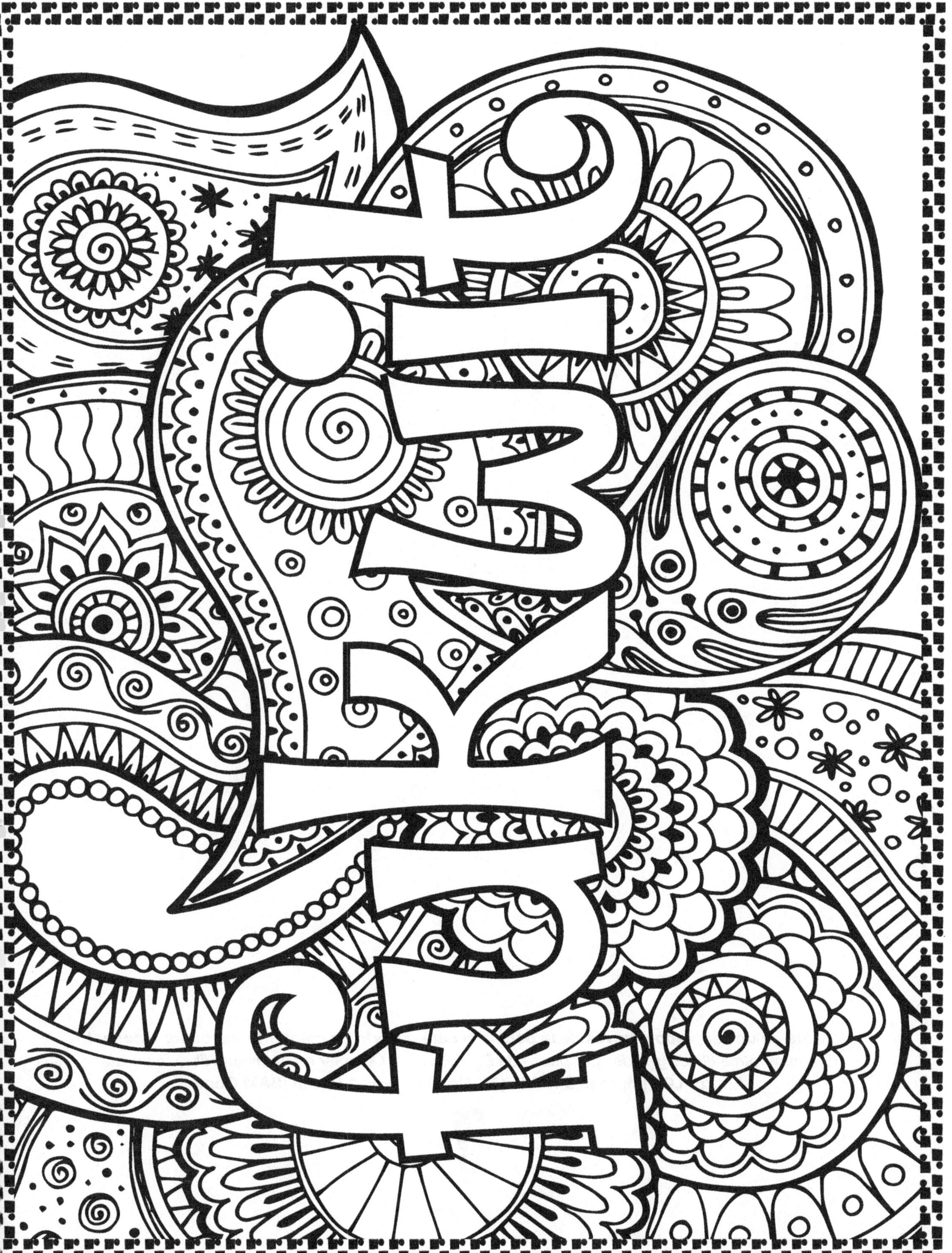

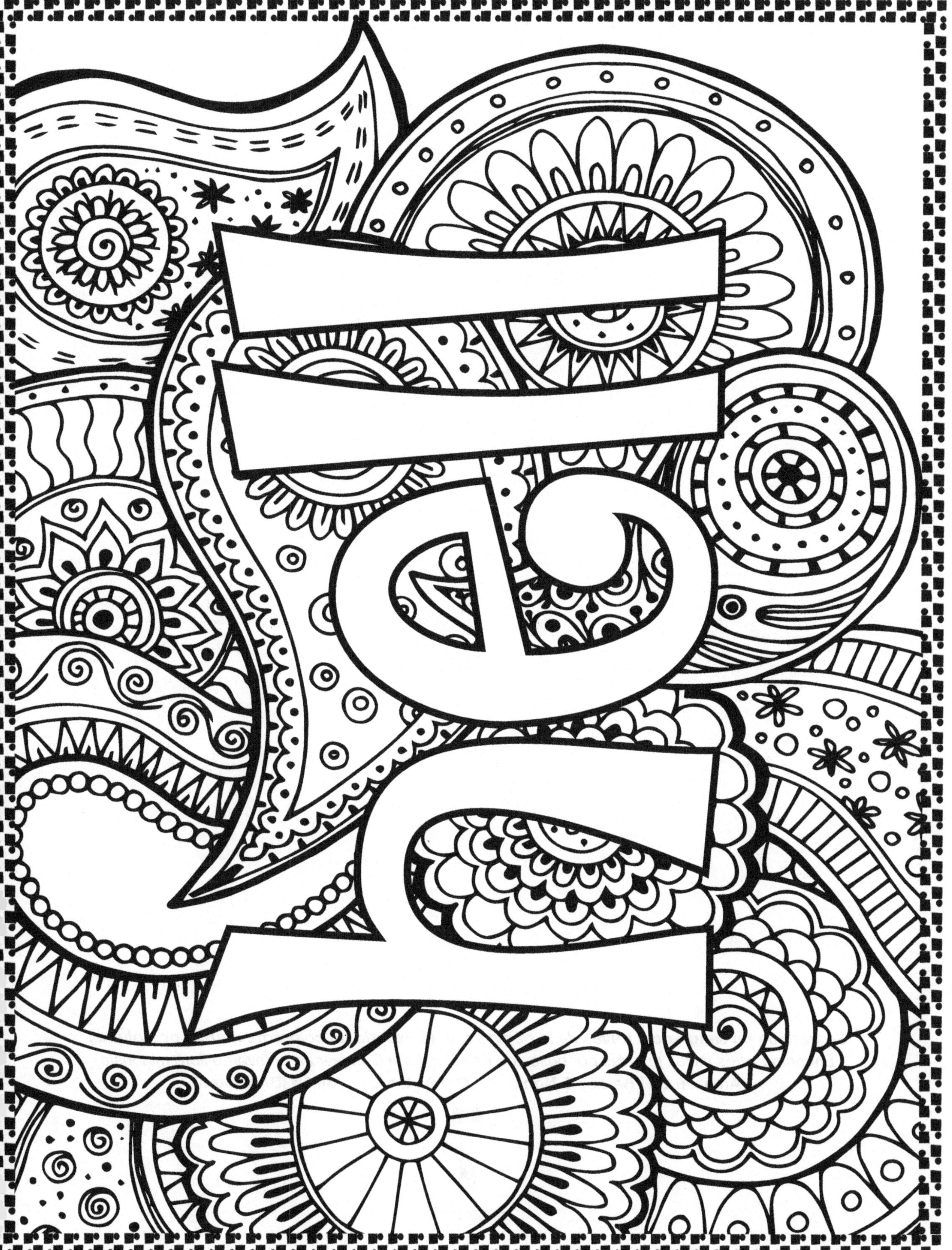

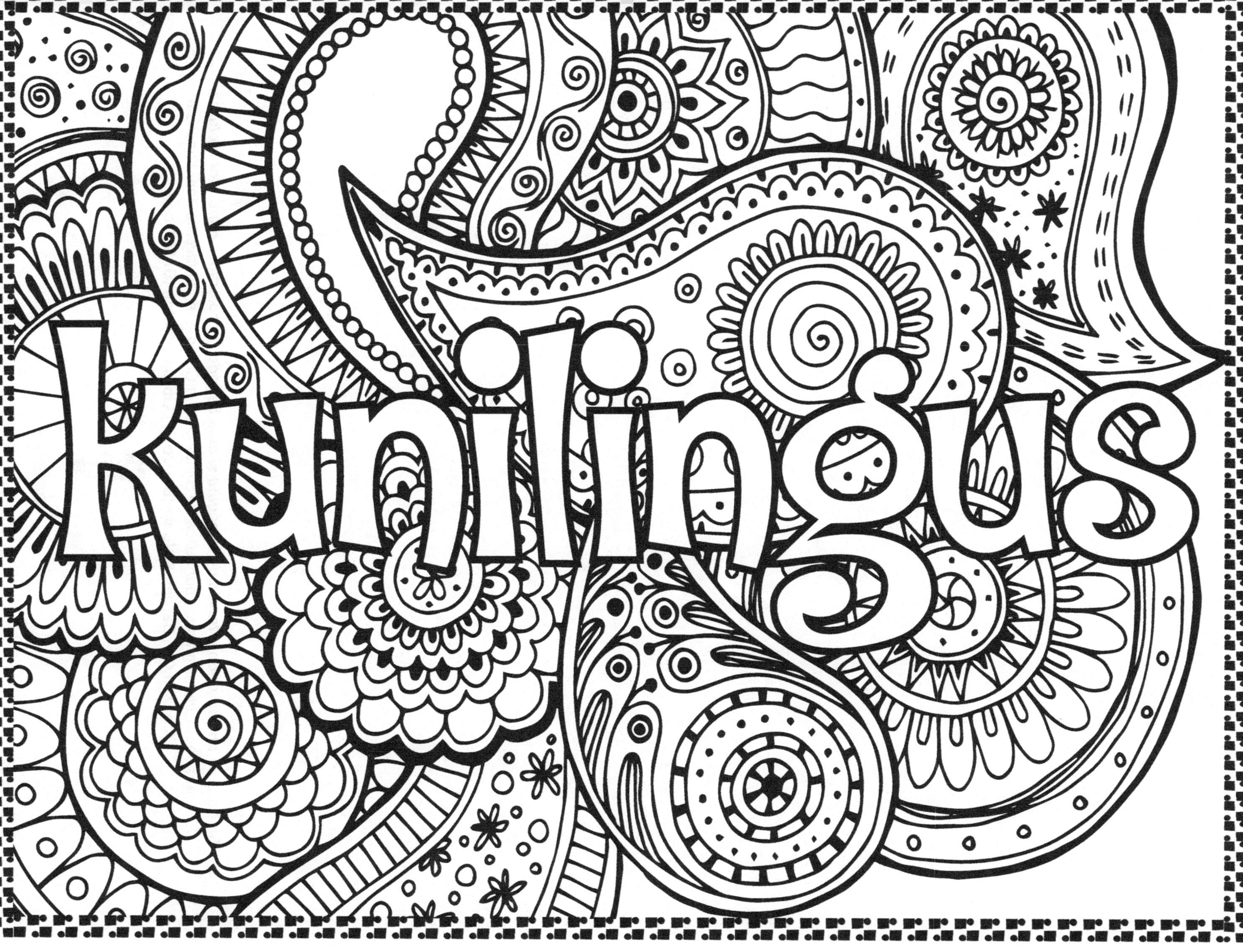

Kunilingus

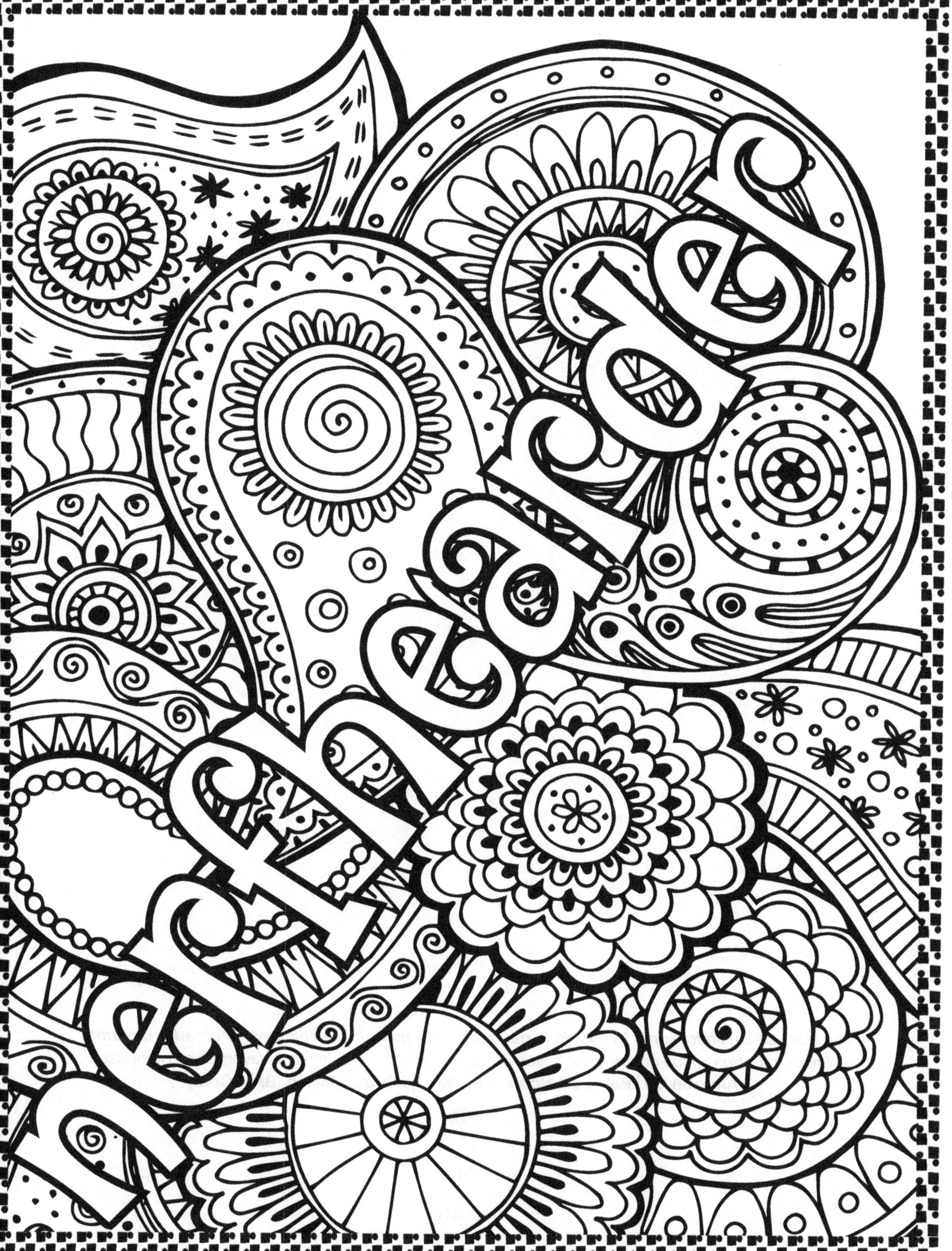

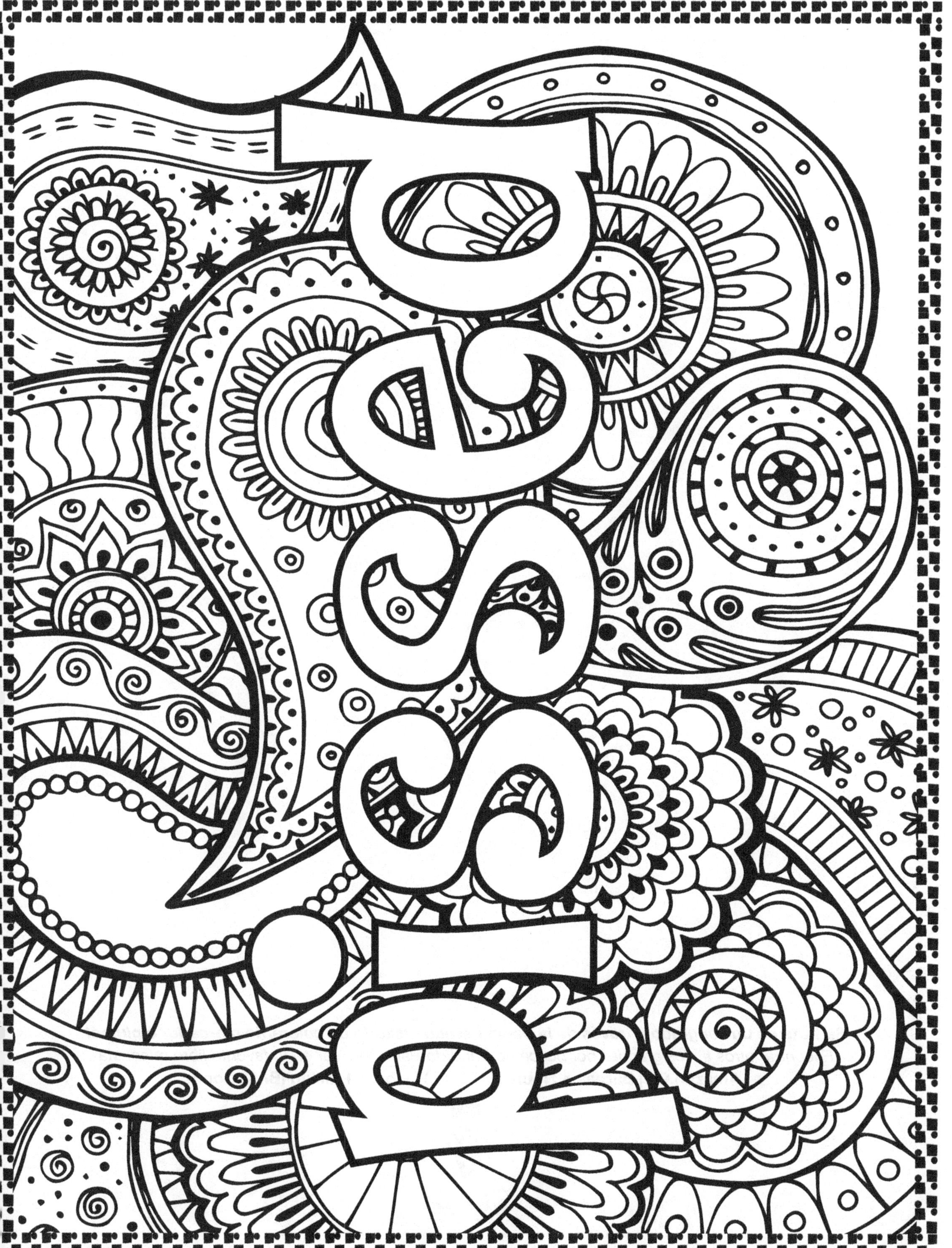
JESUS

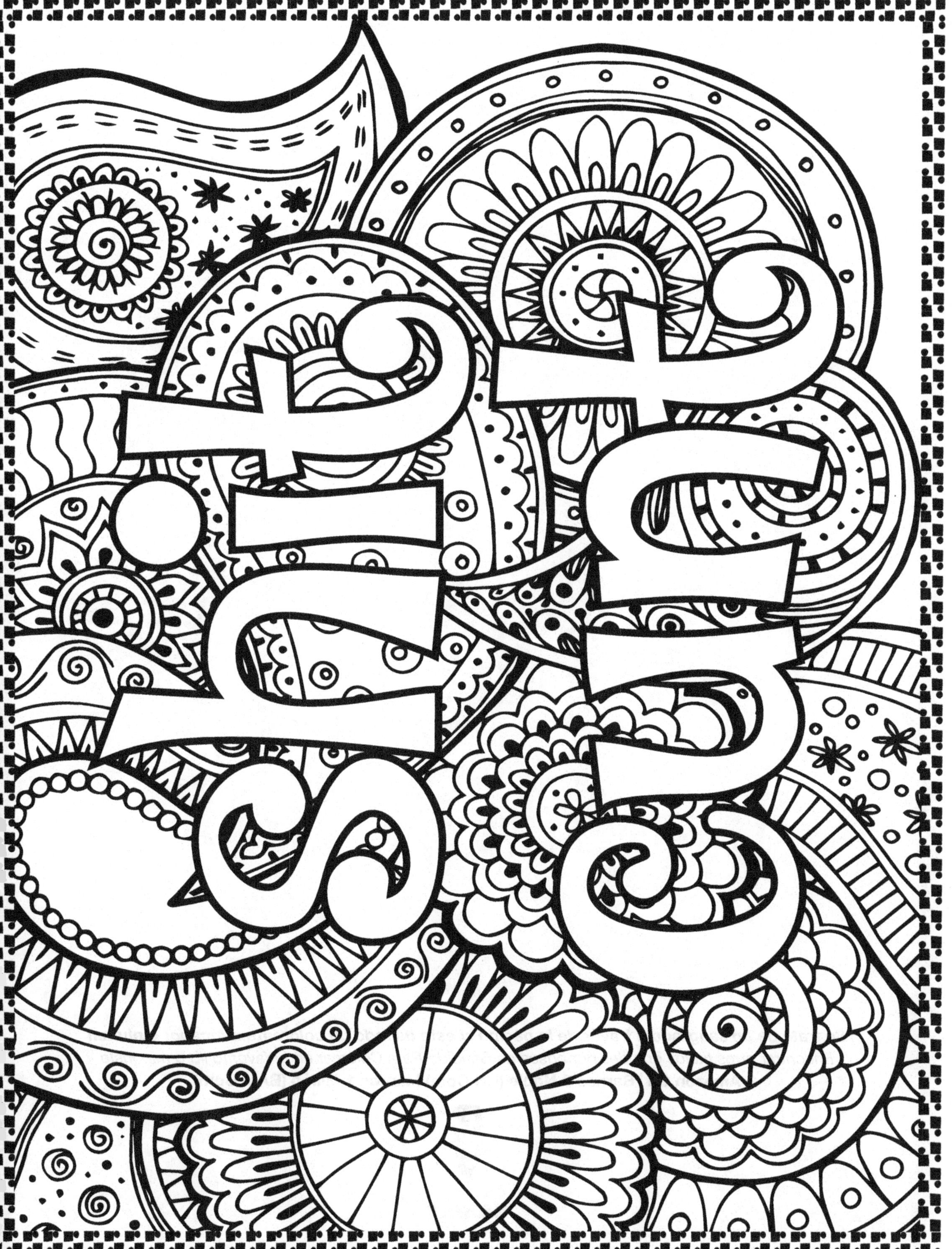

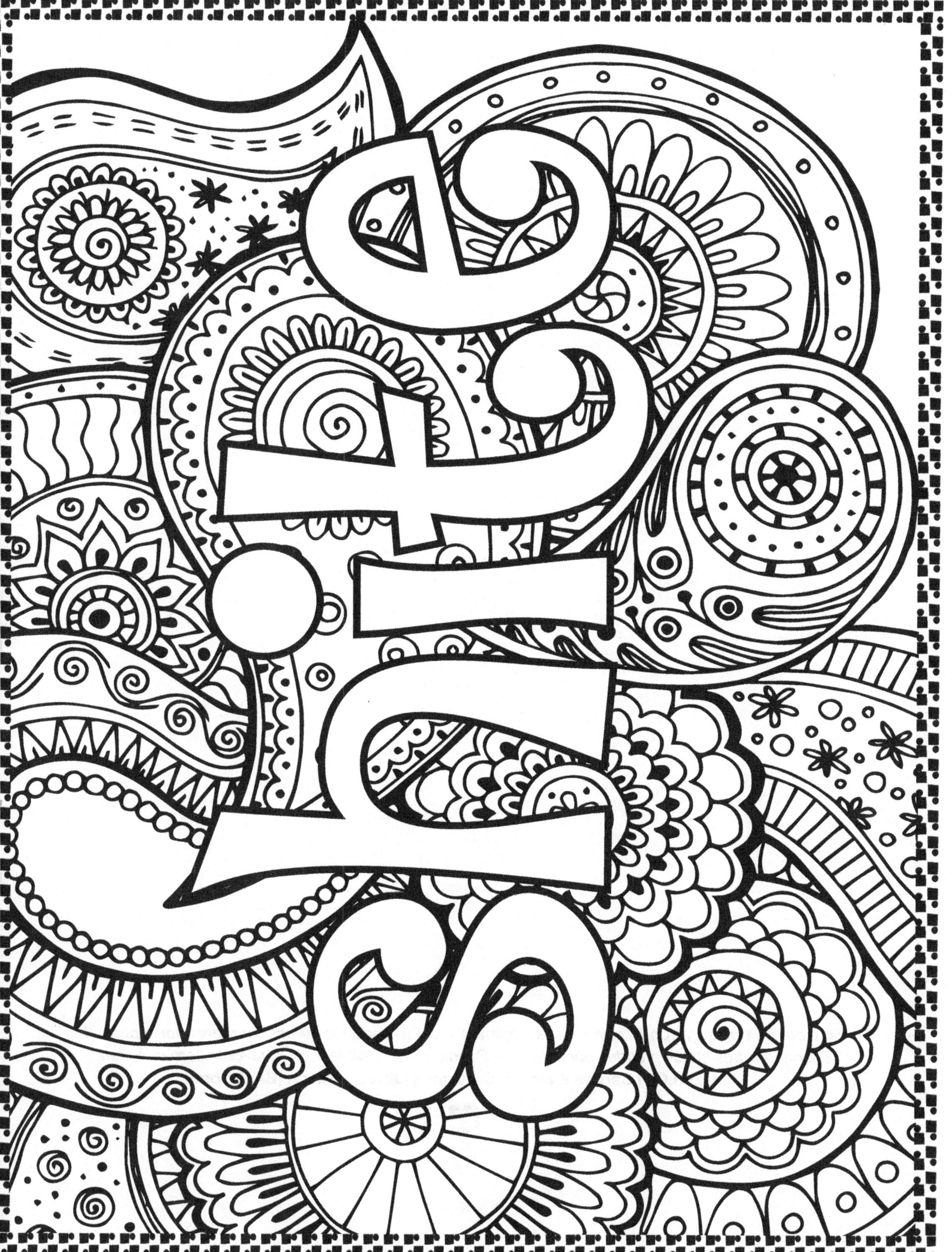

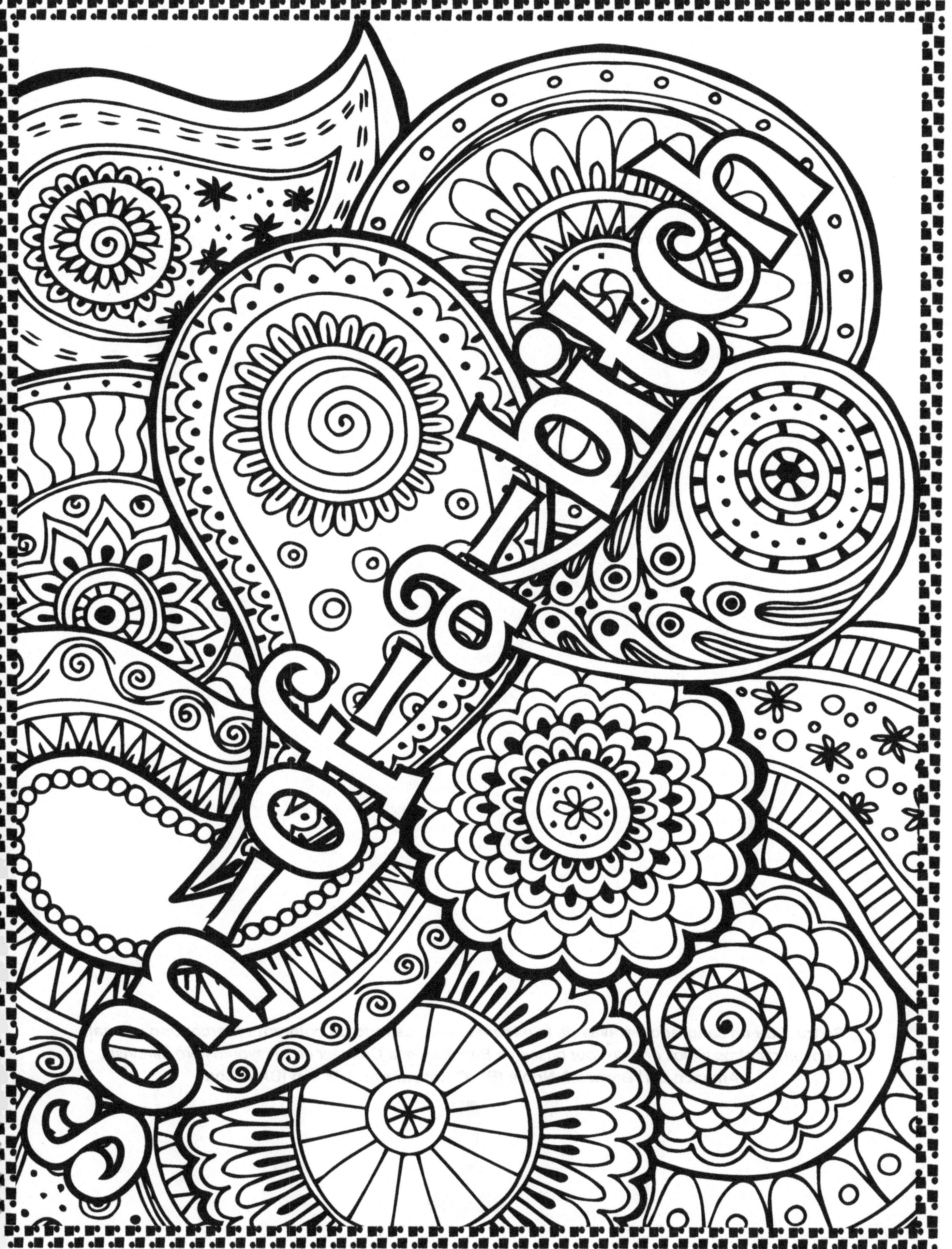

son of a bitch

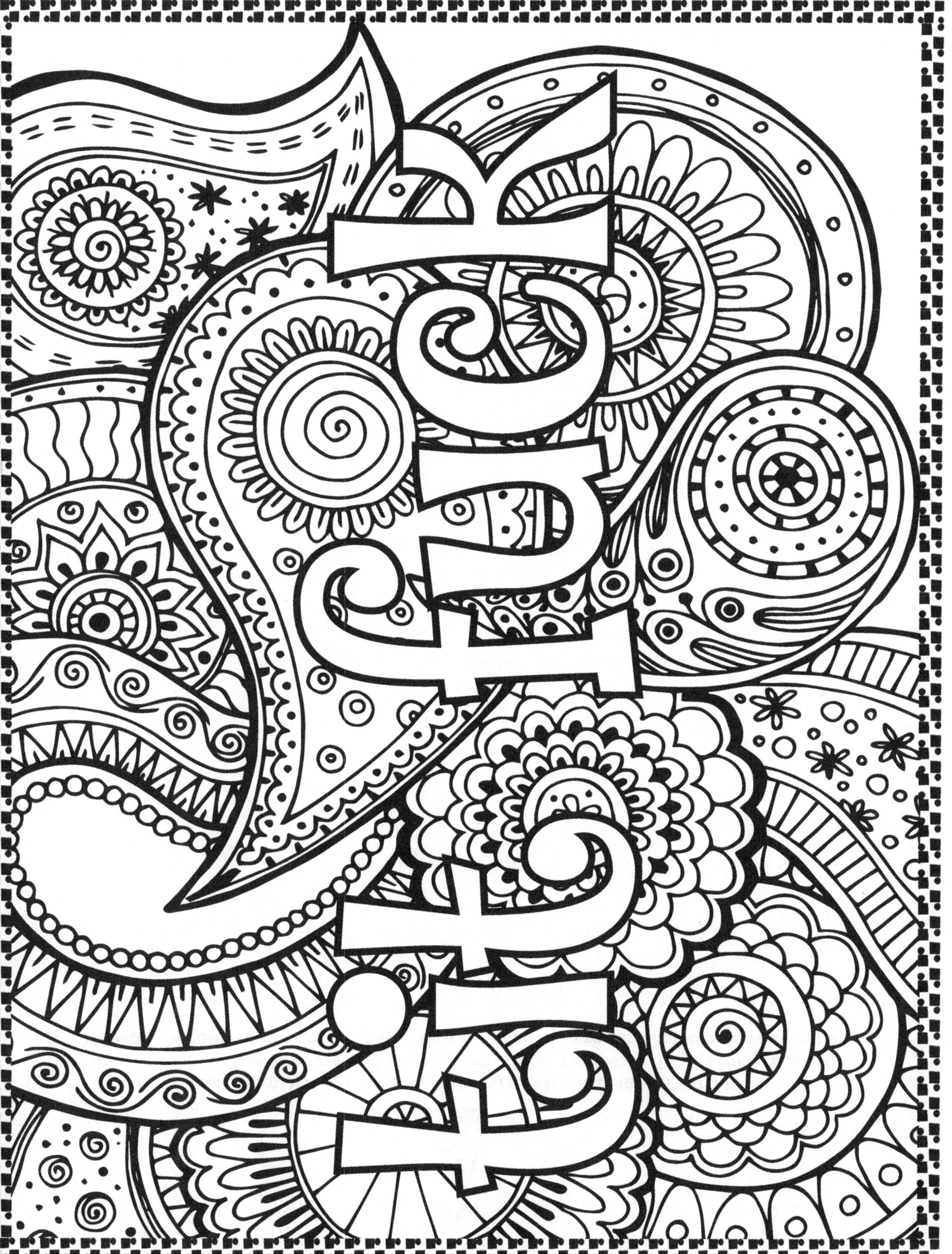

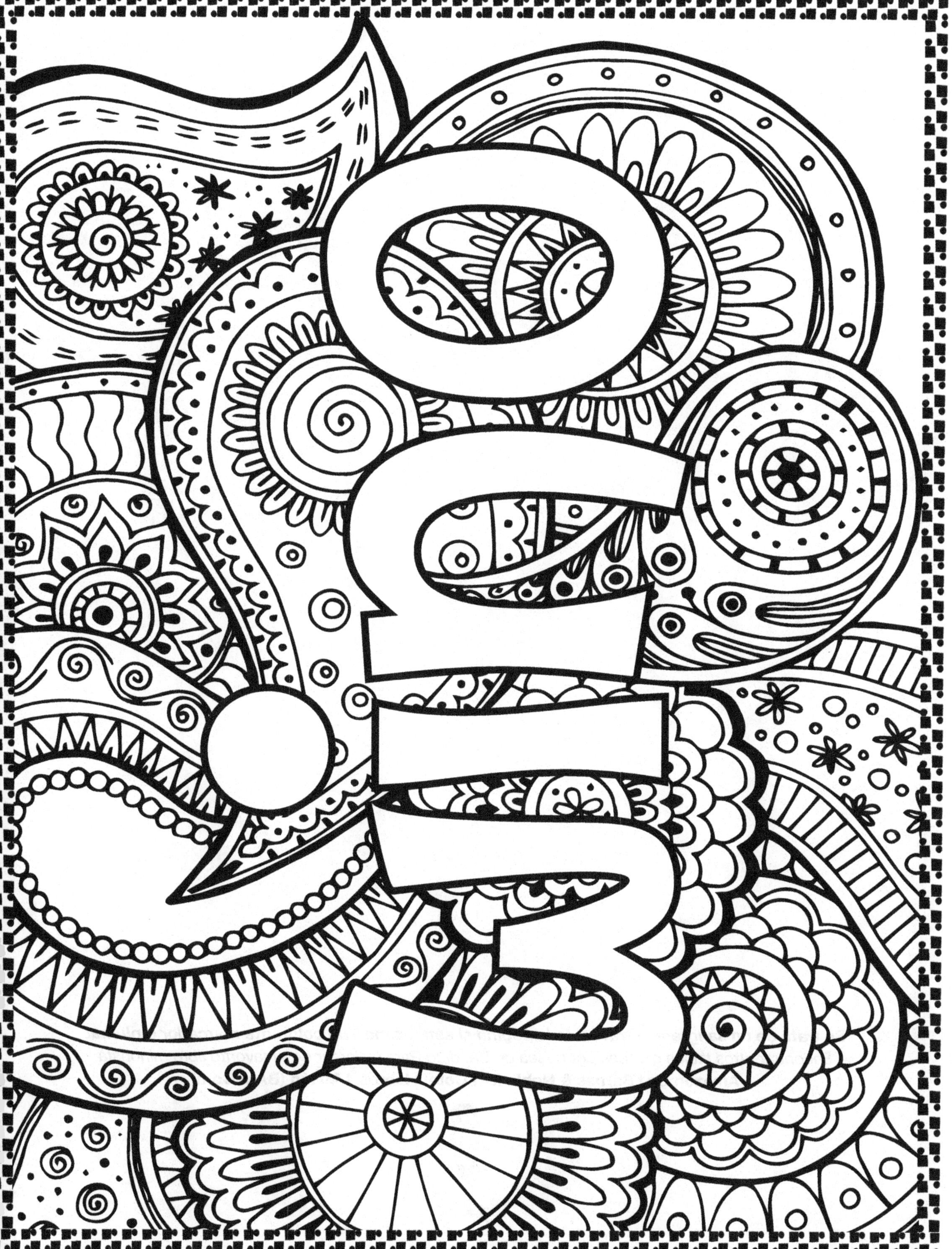

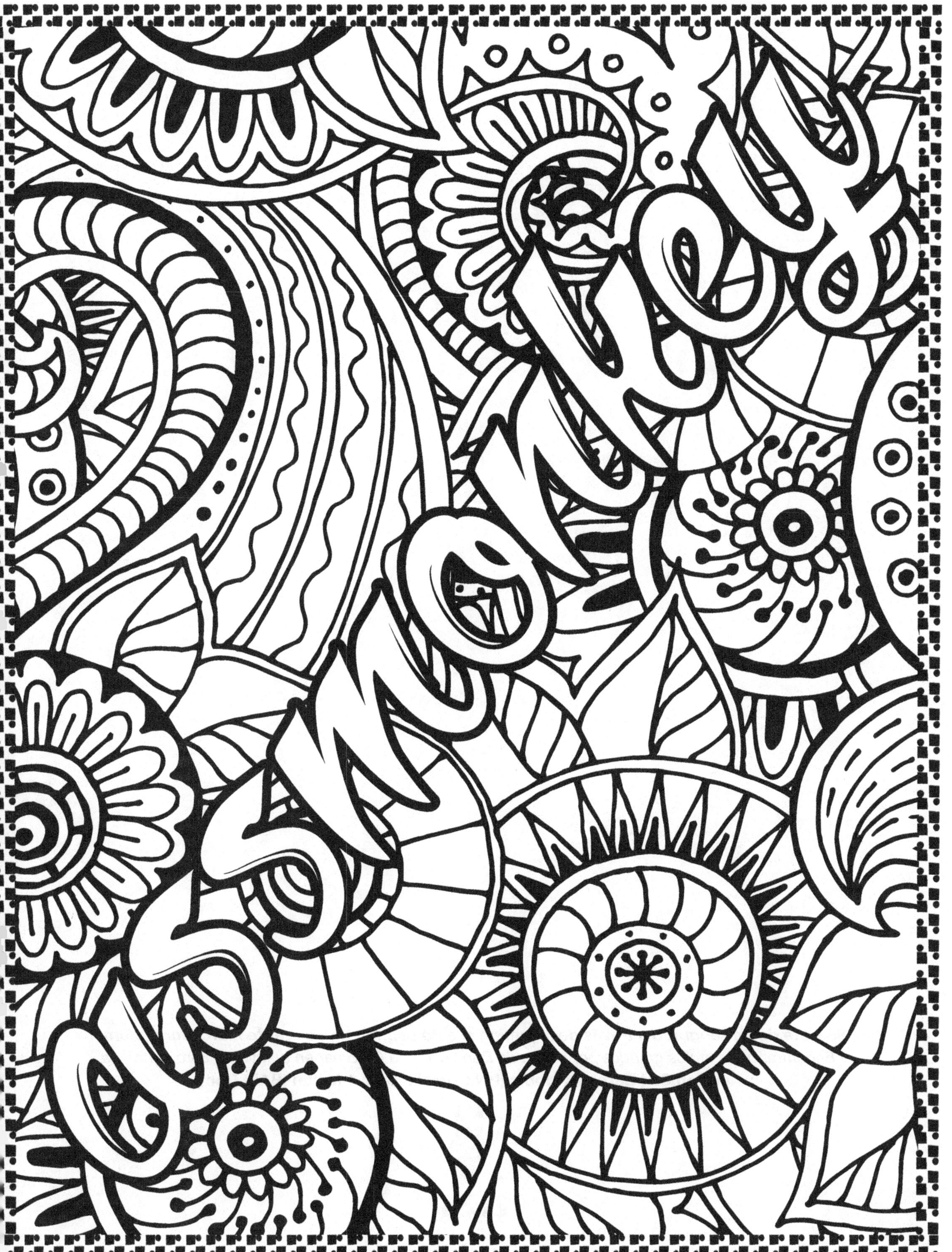

as smoothly
positively

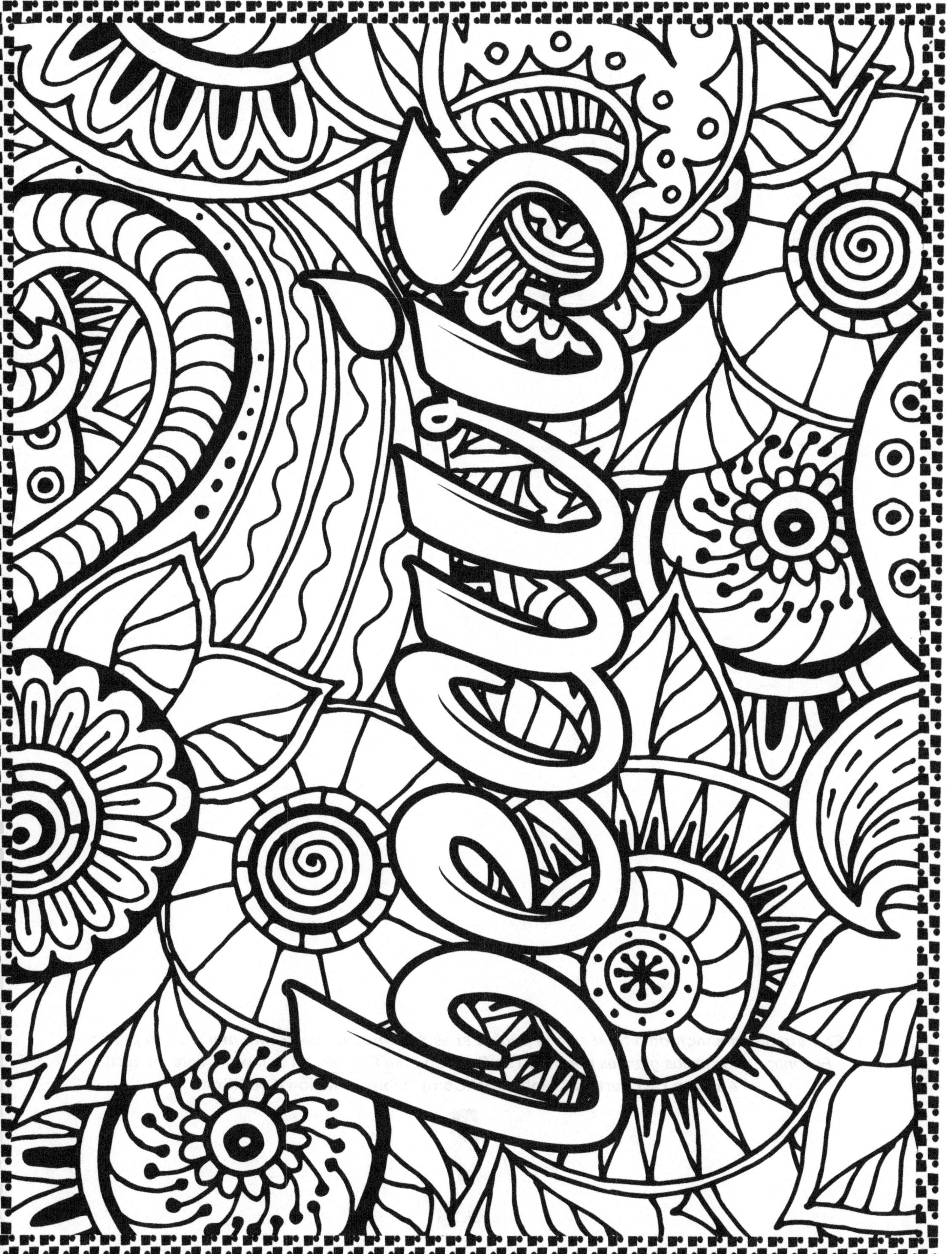

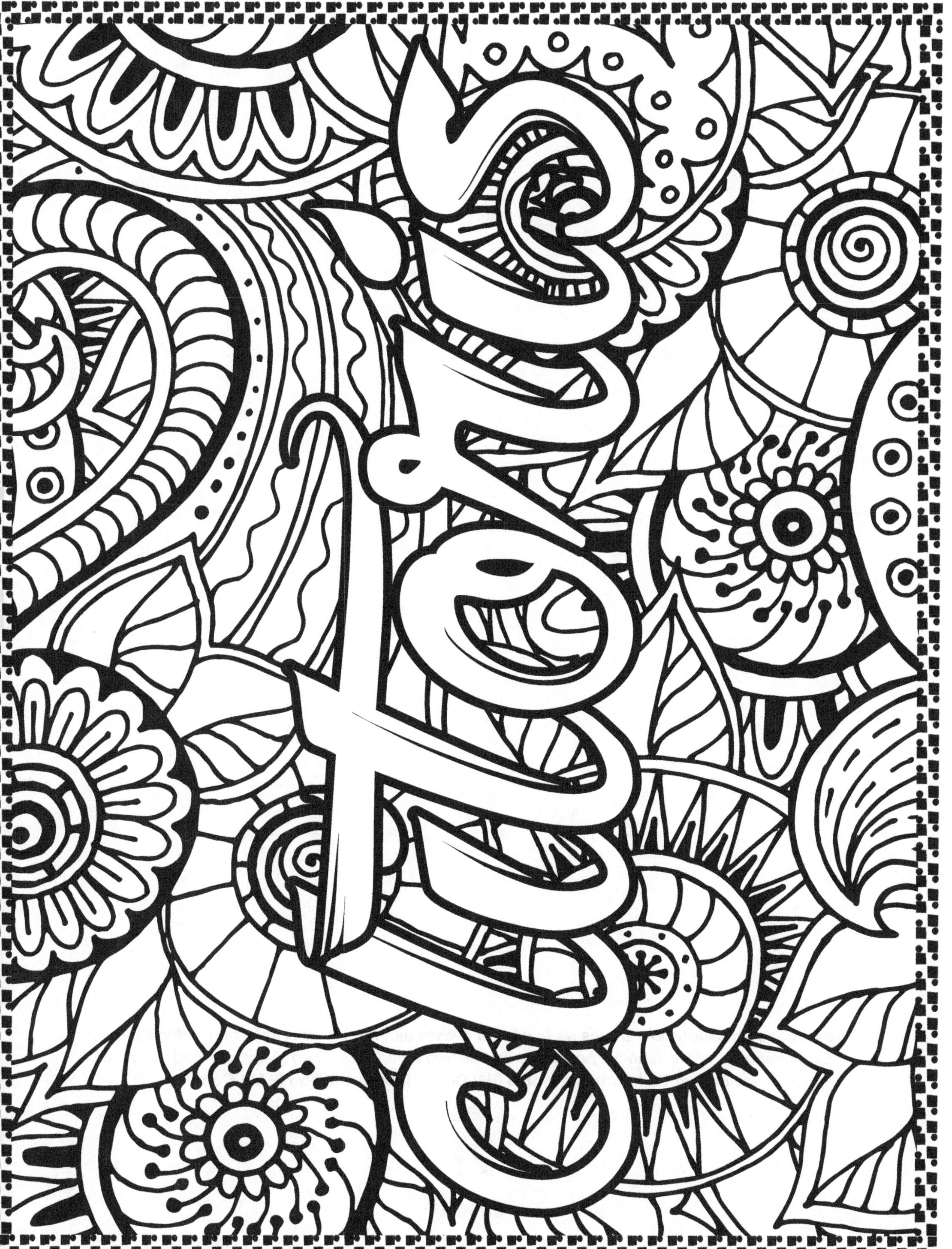

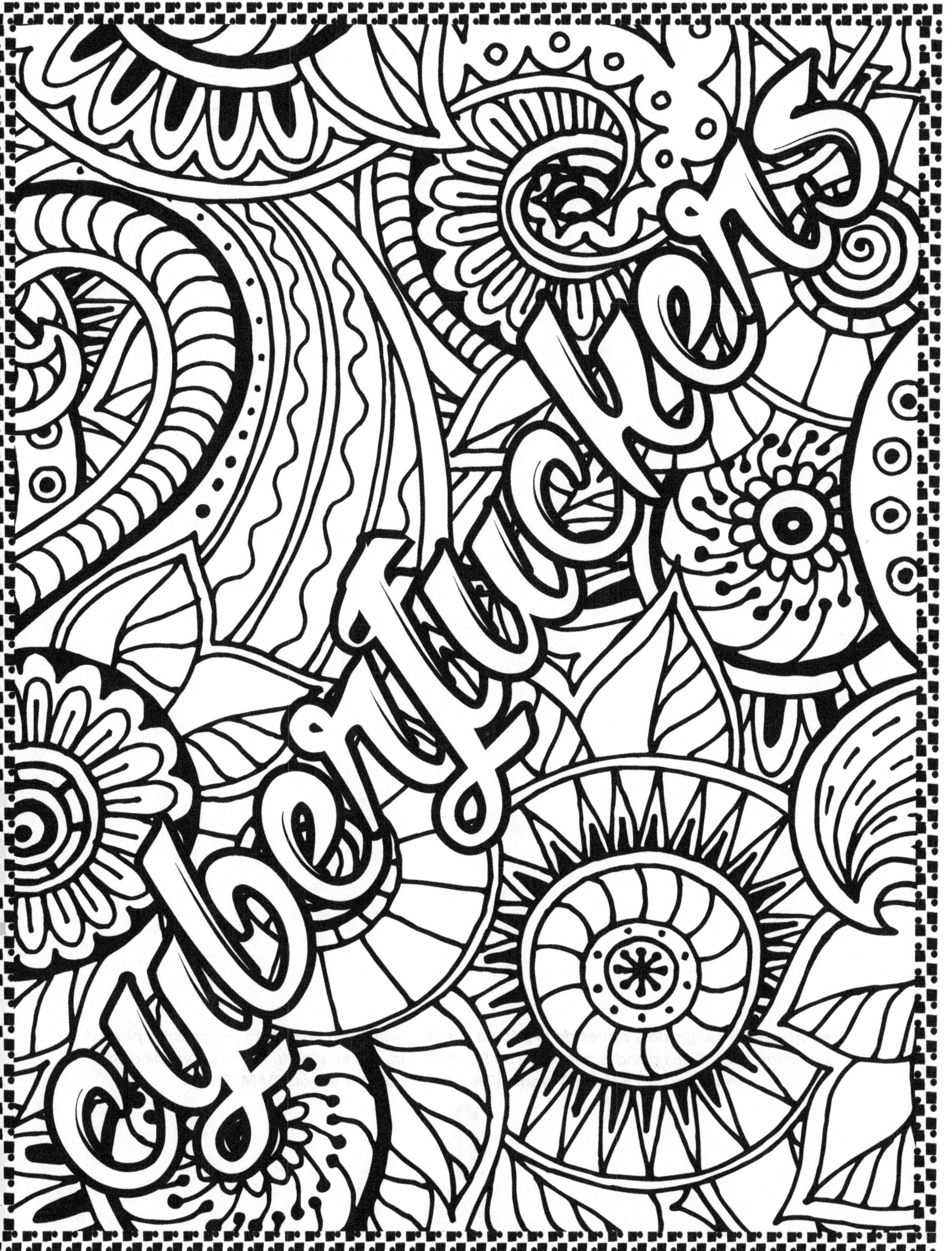
Motherfuckers
cyberfuckers

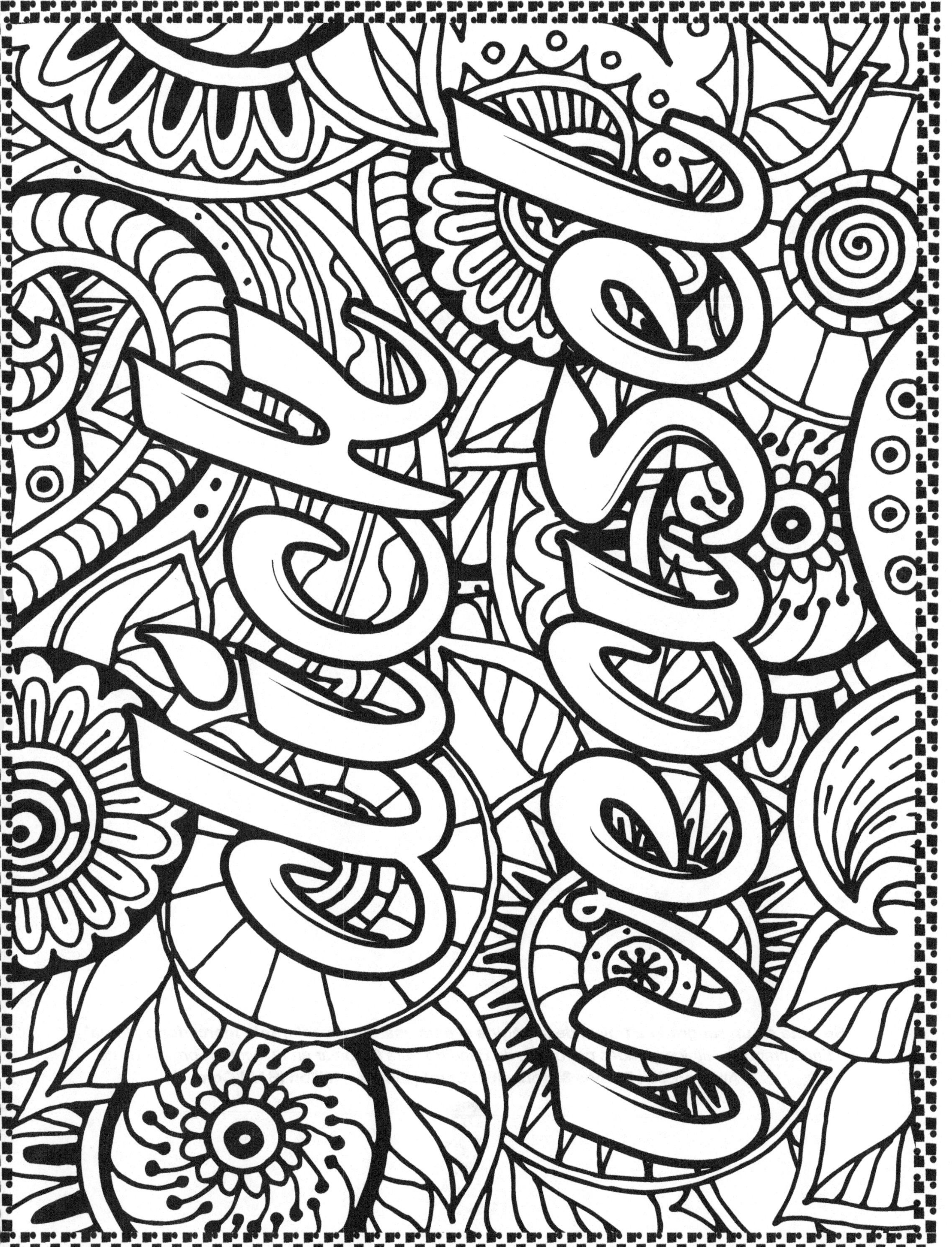

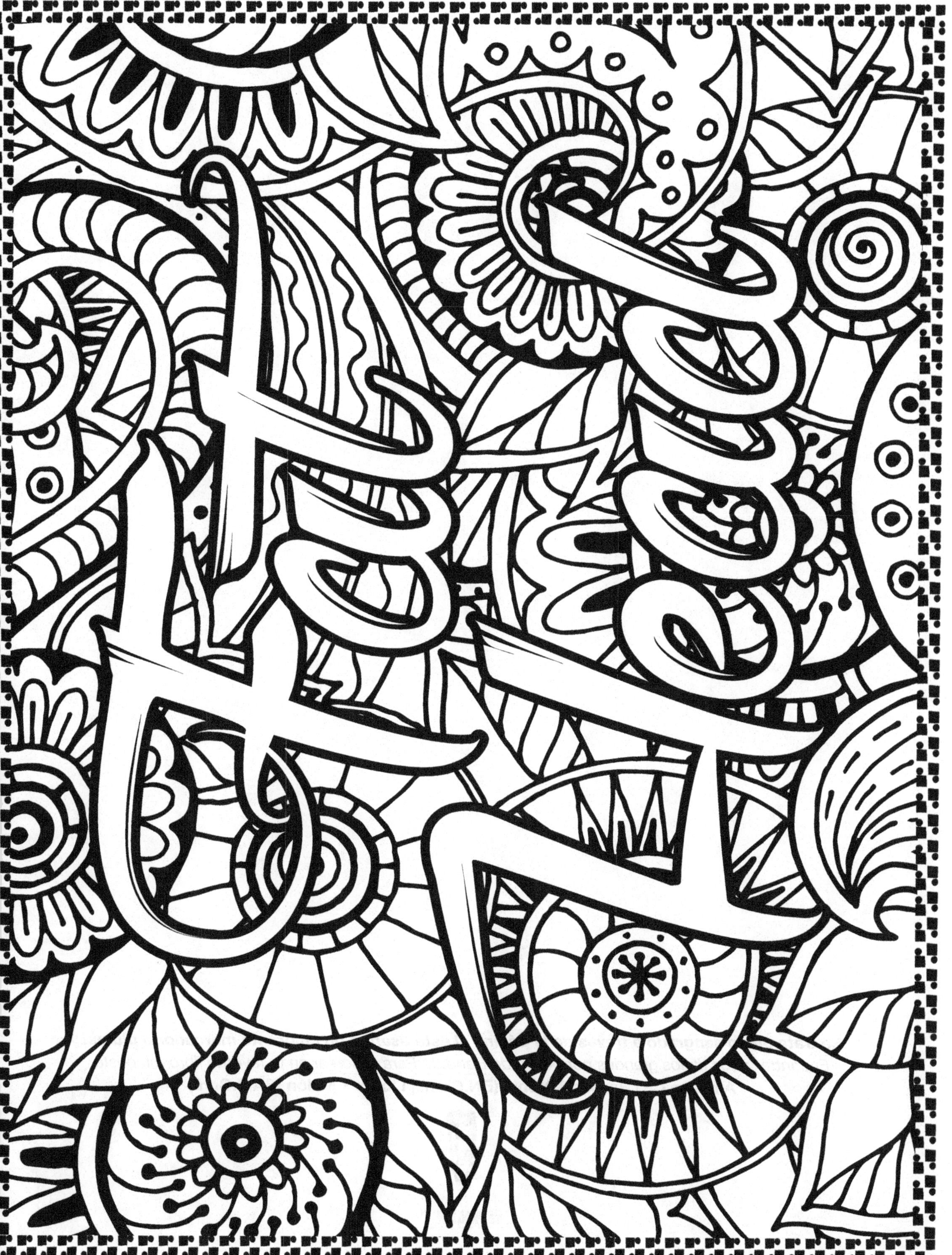

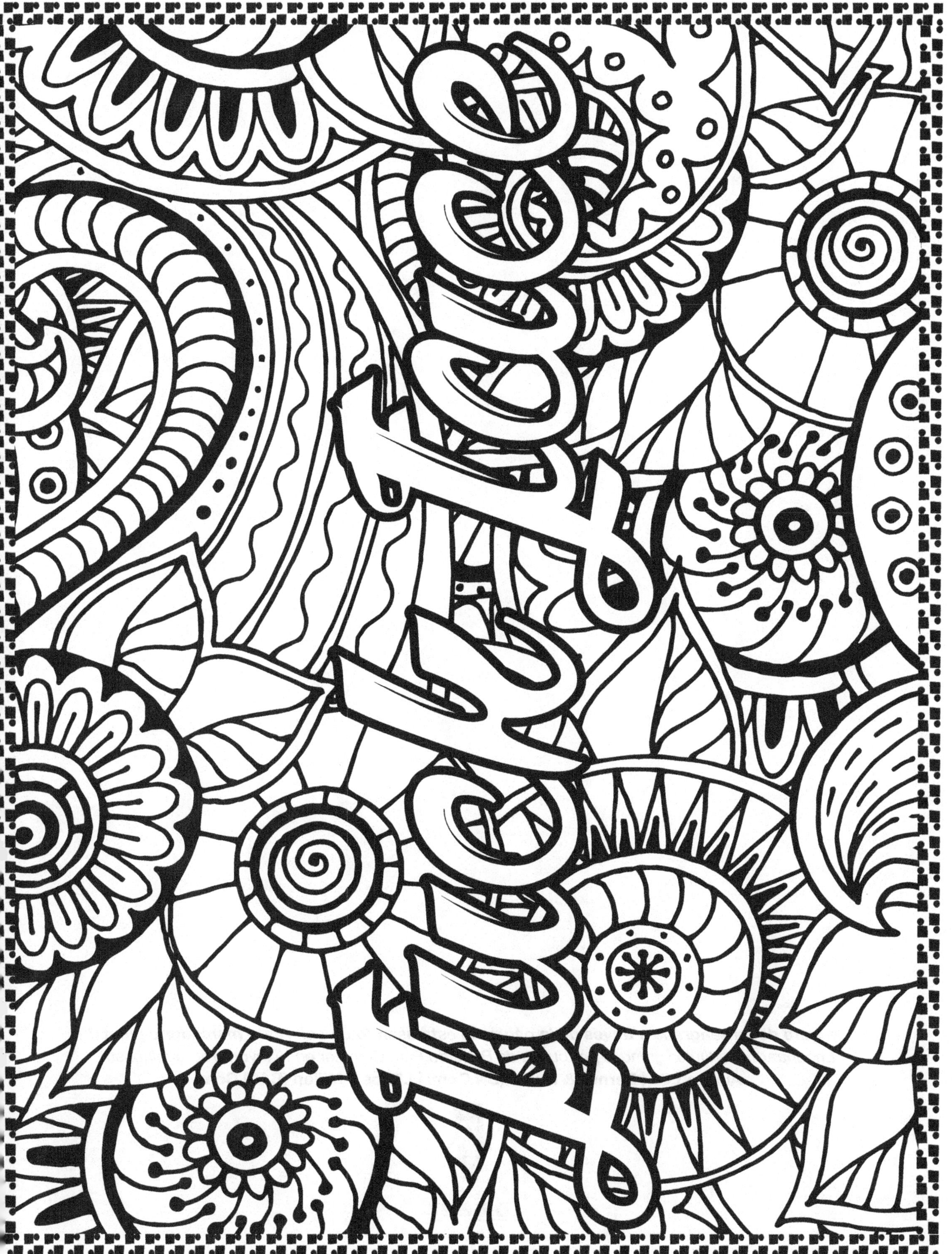

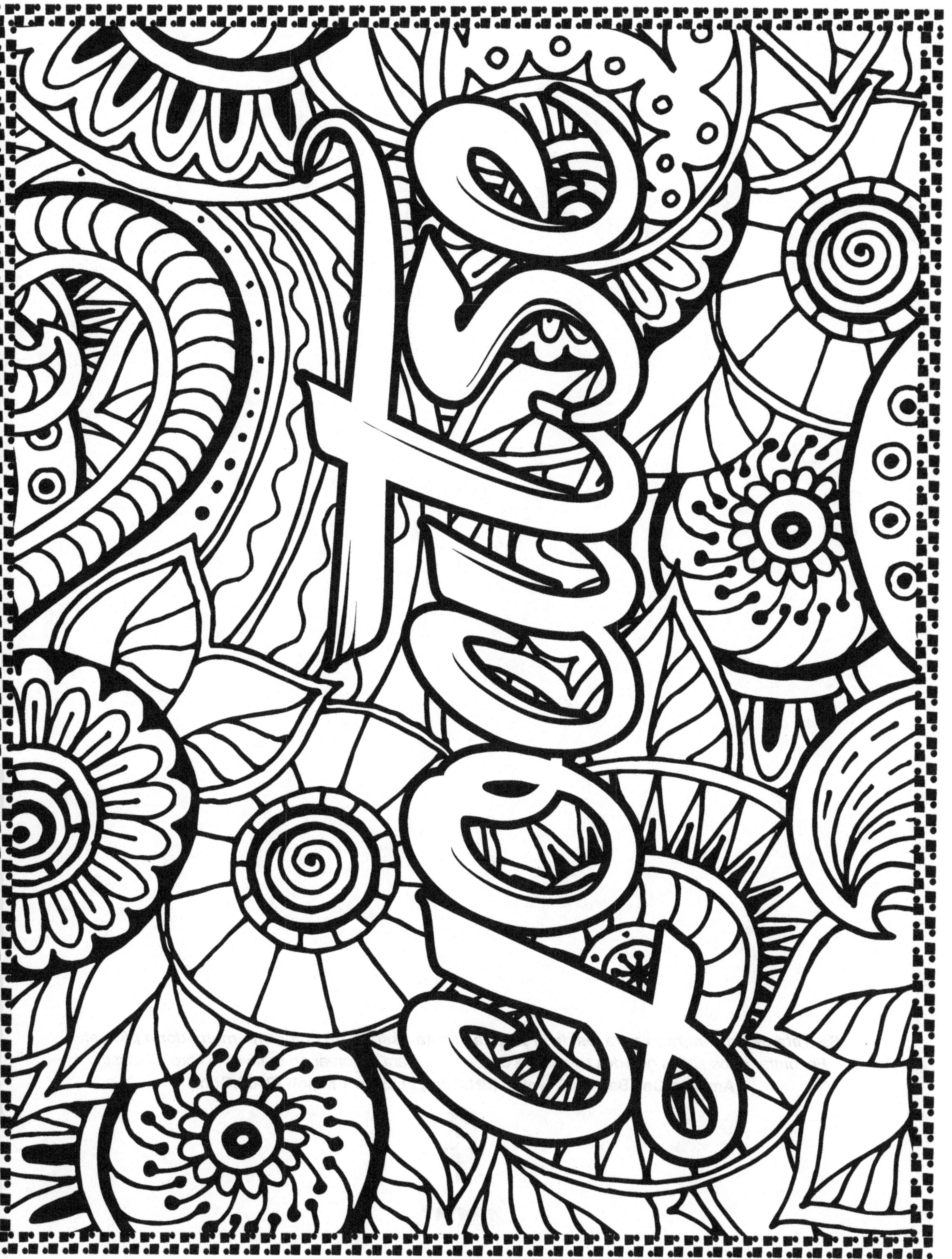

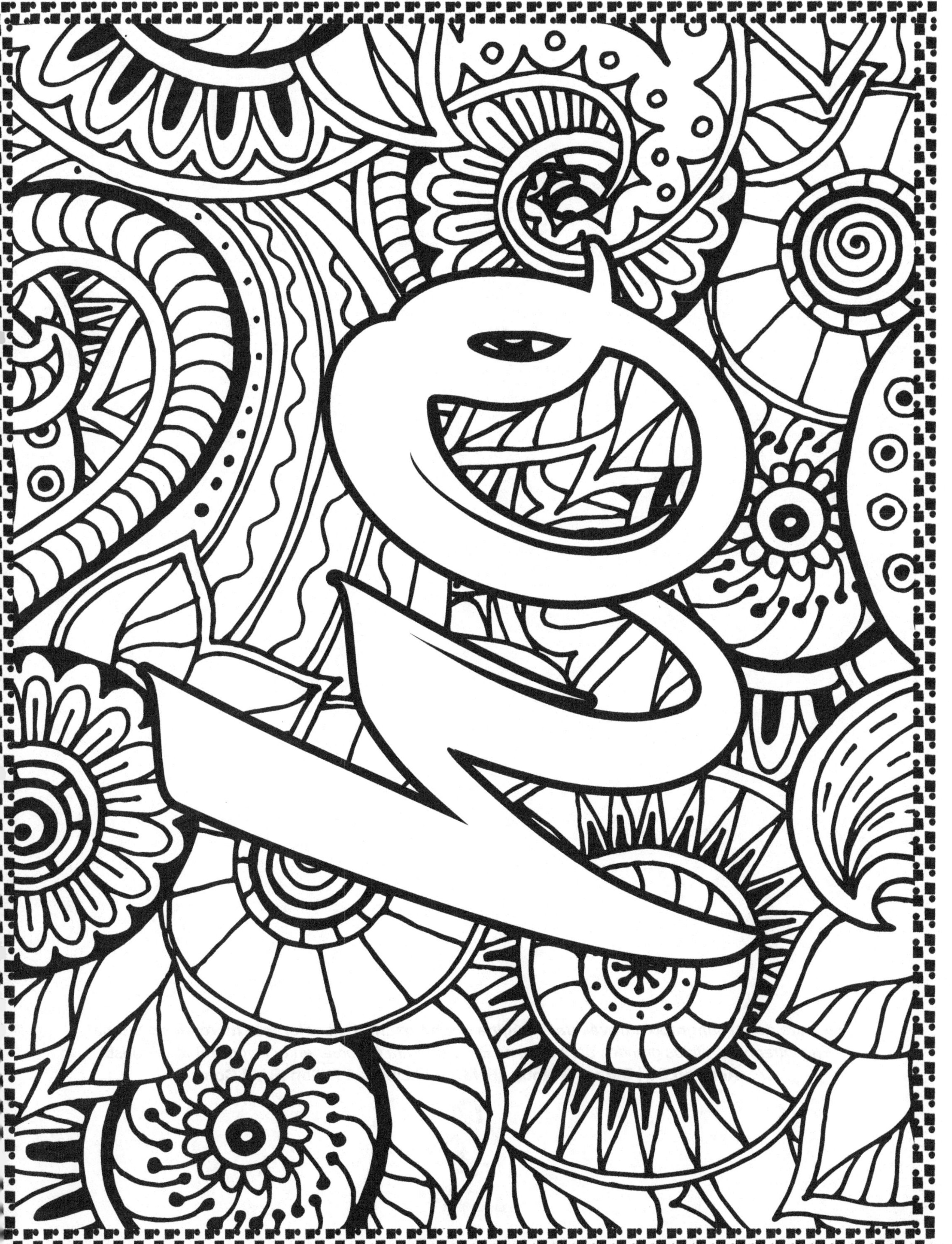

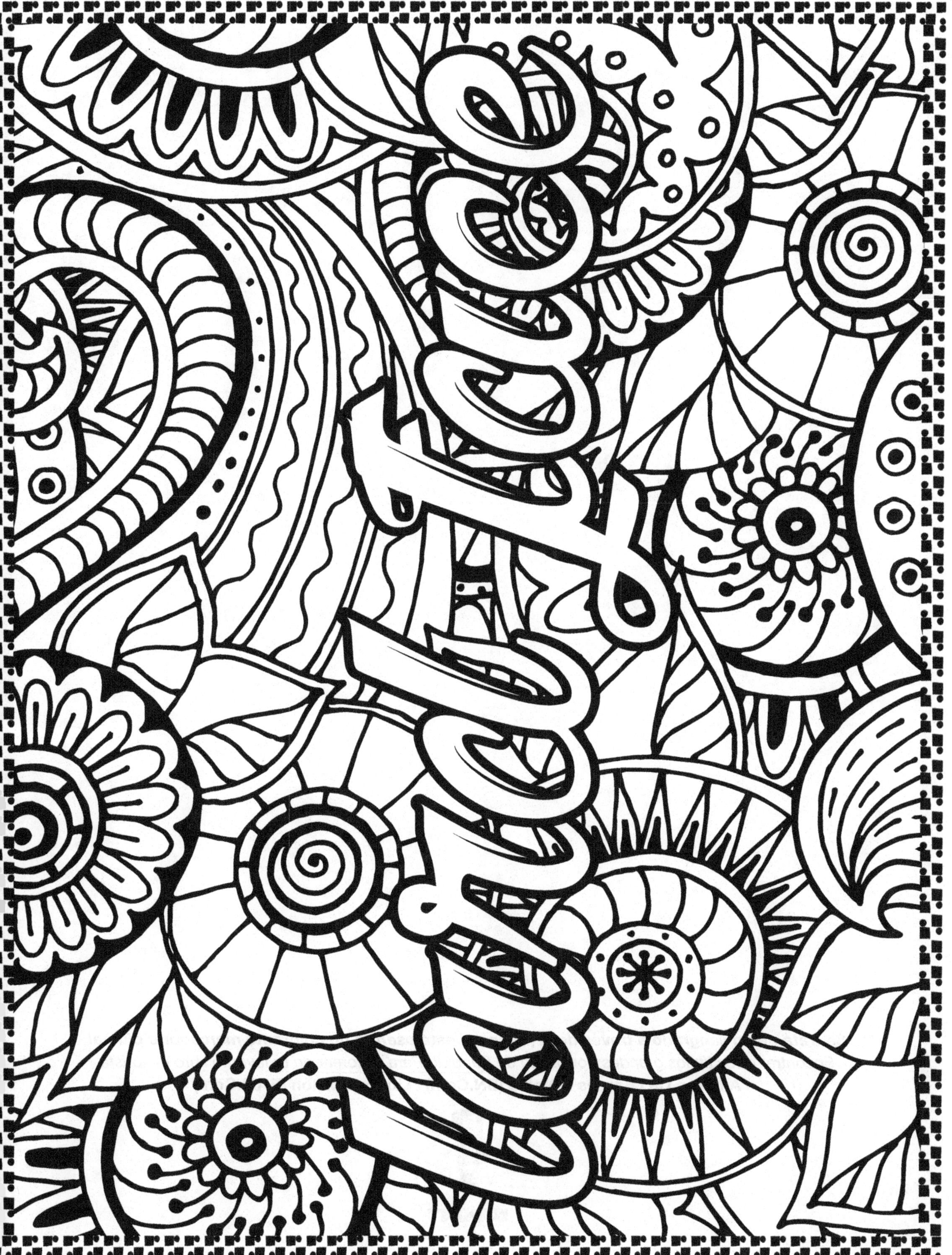

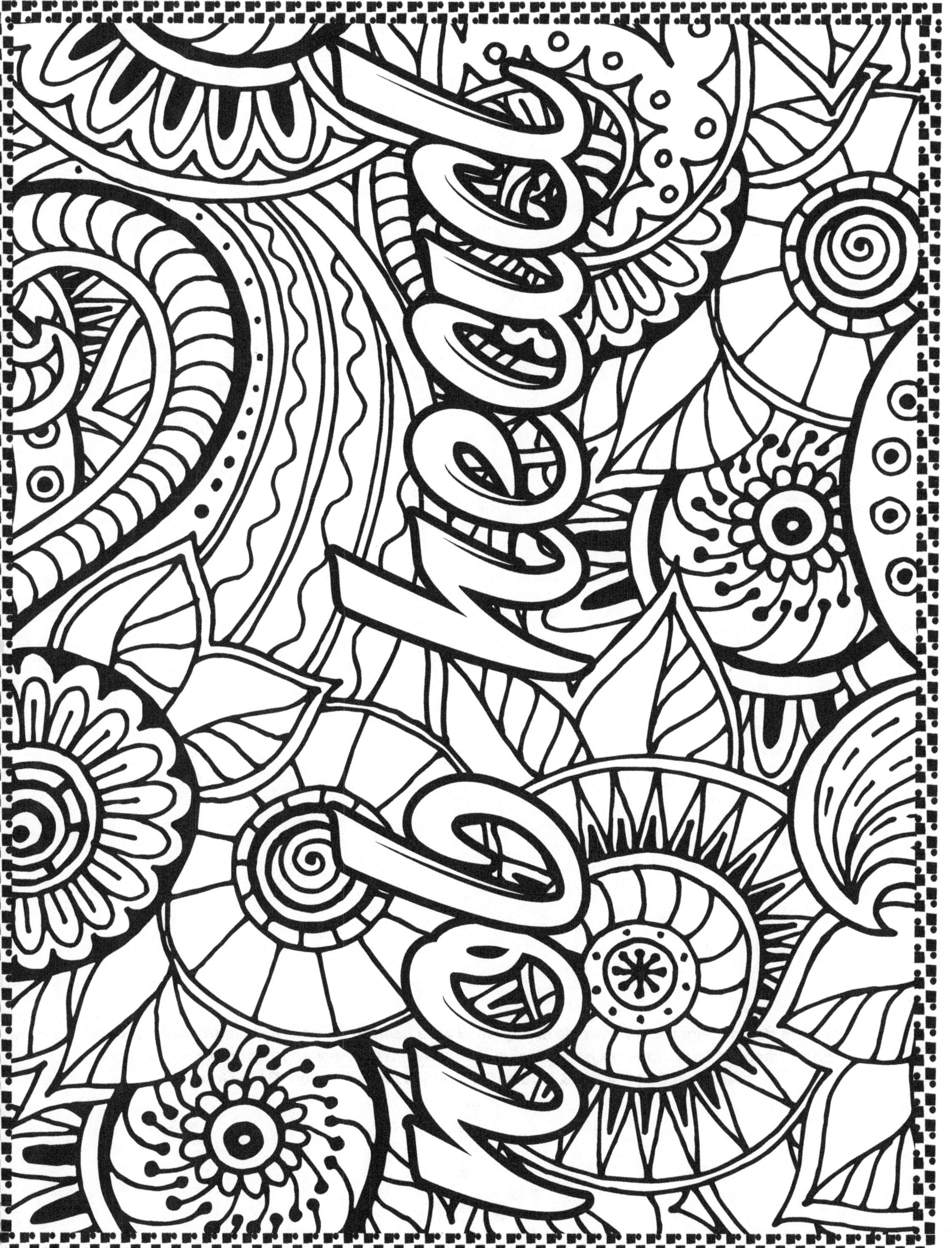

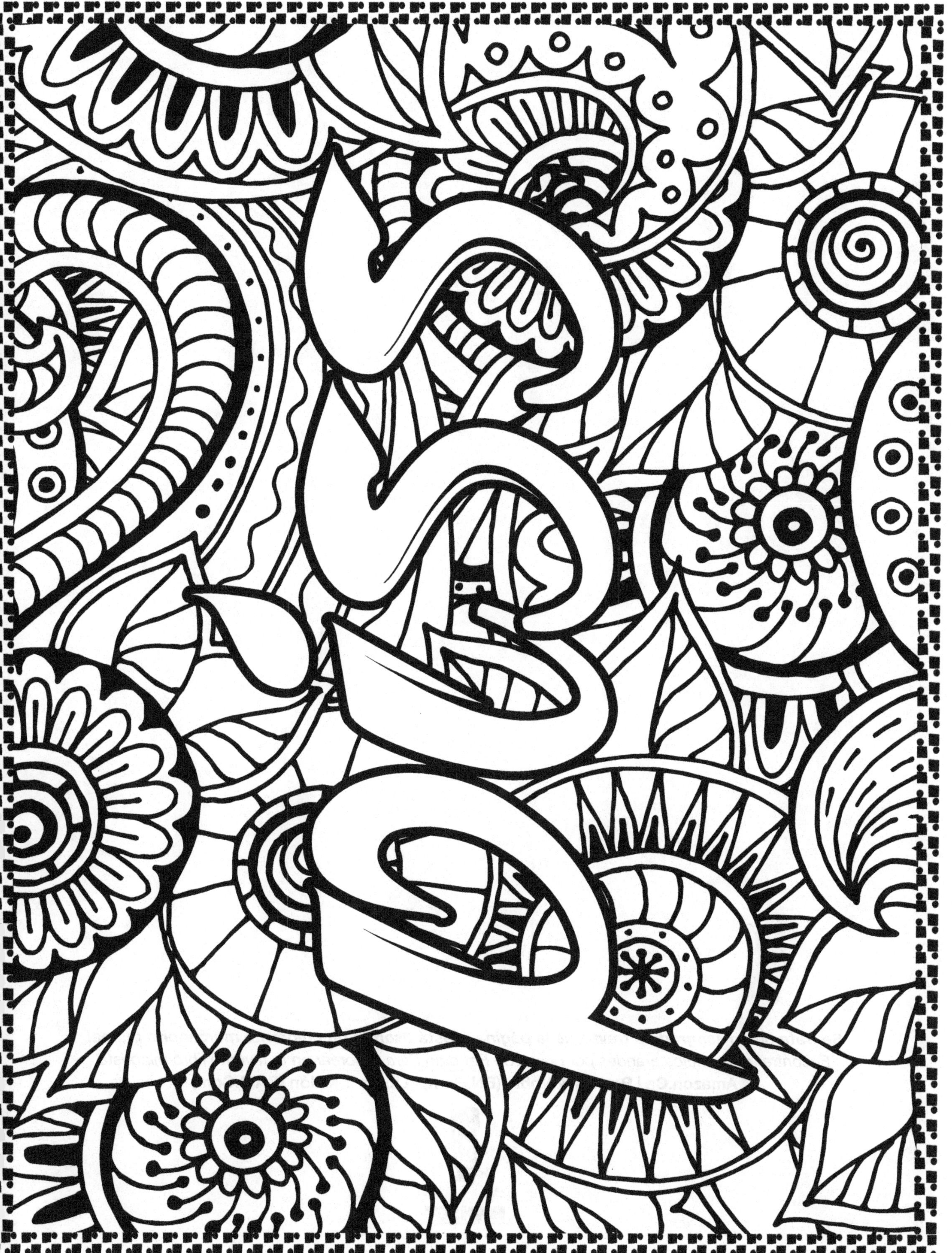

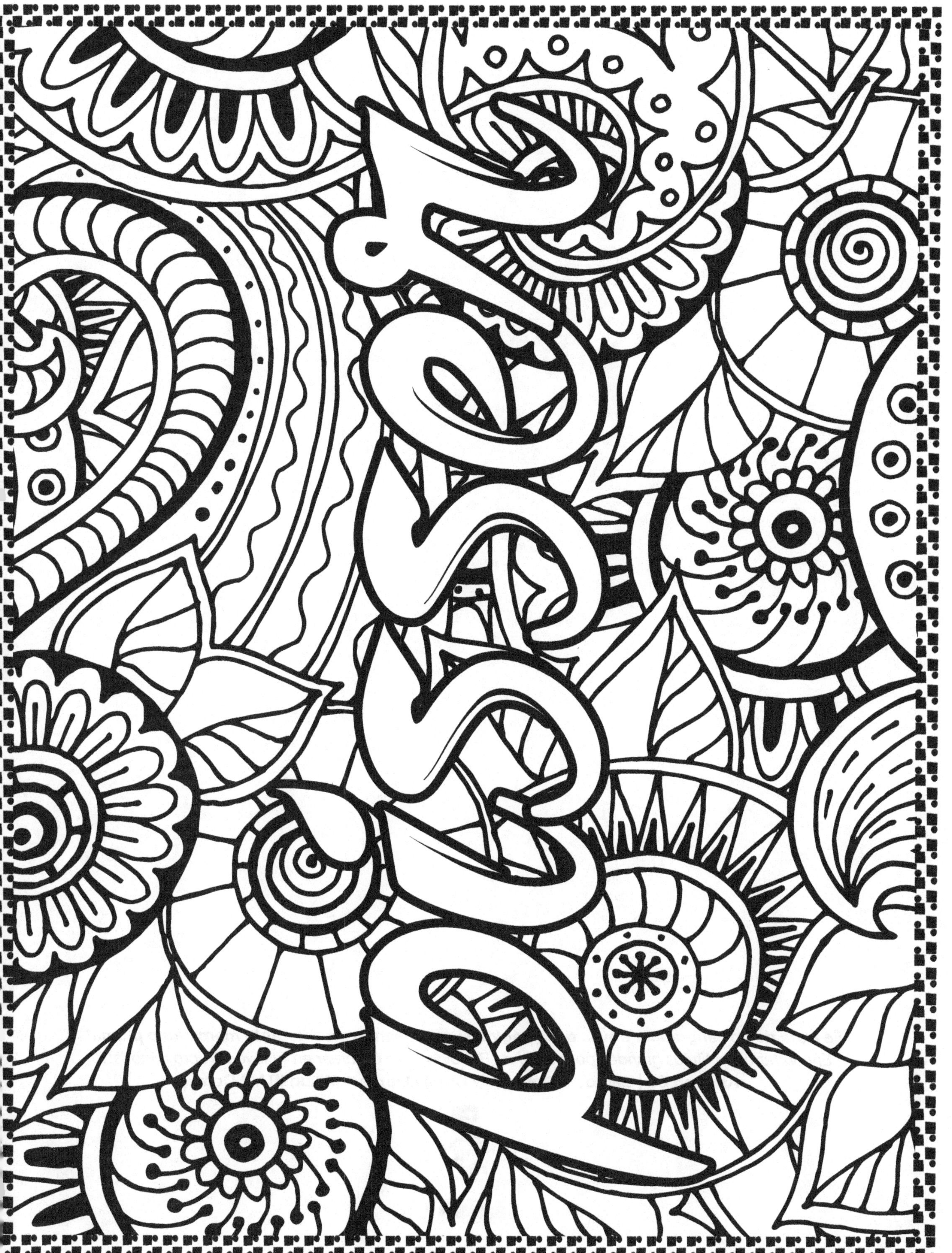

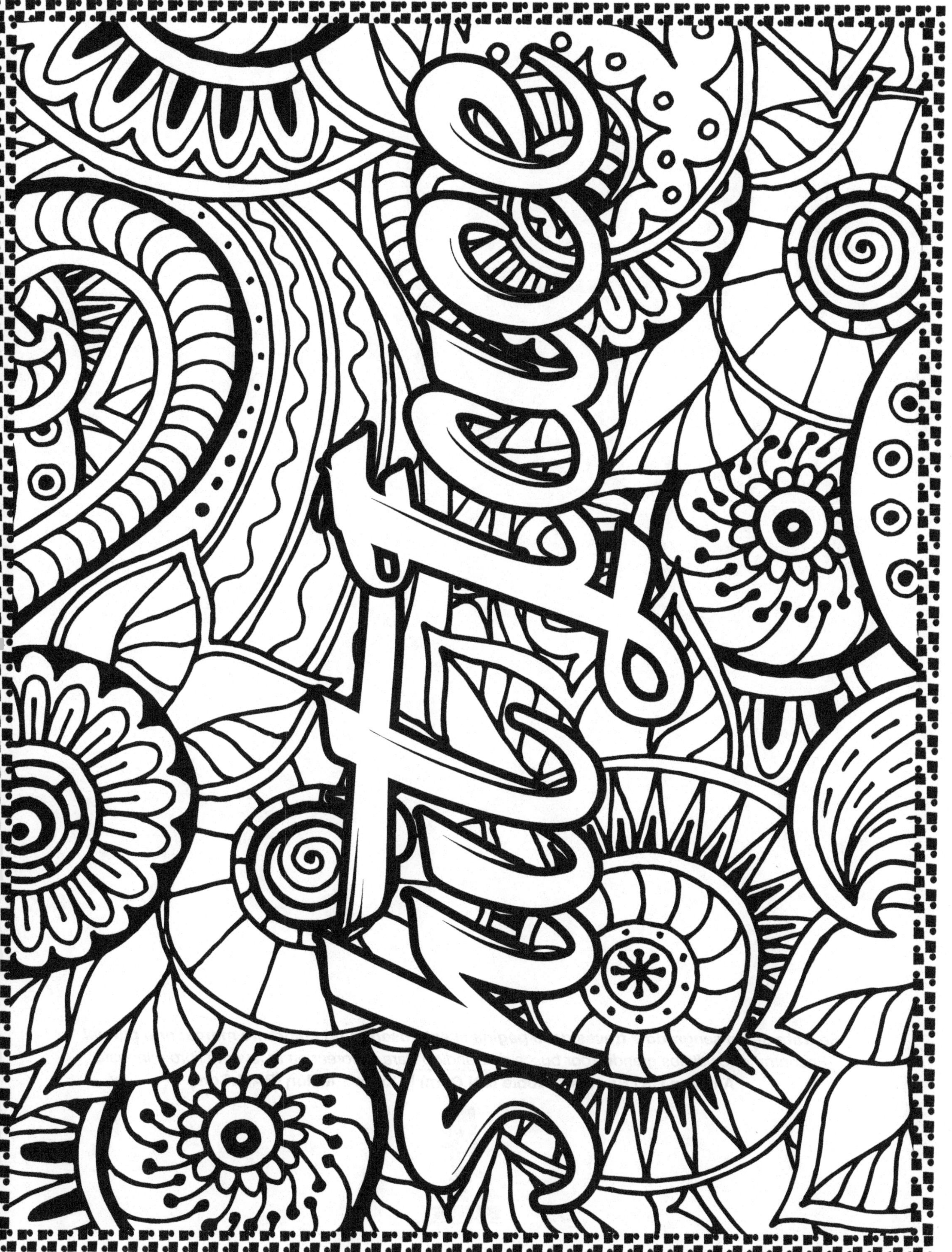

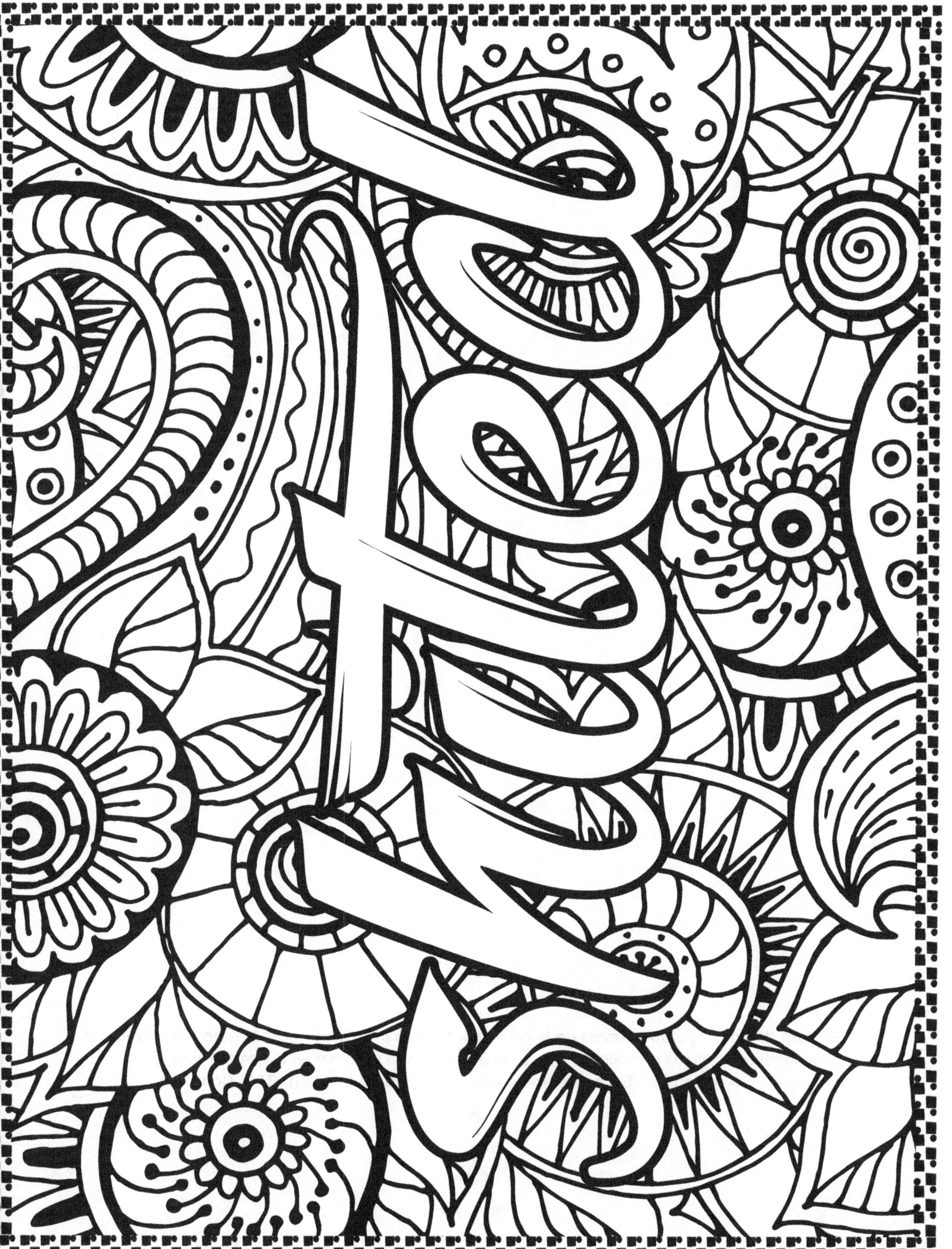

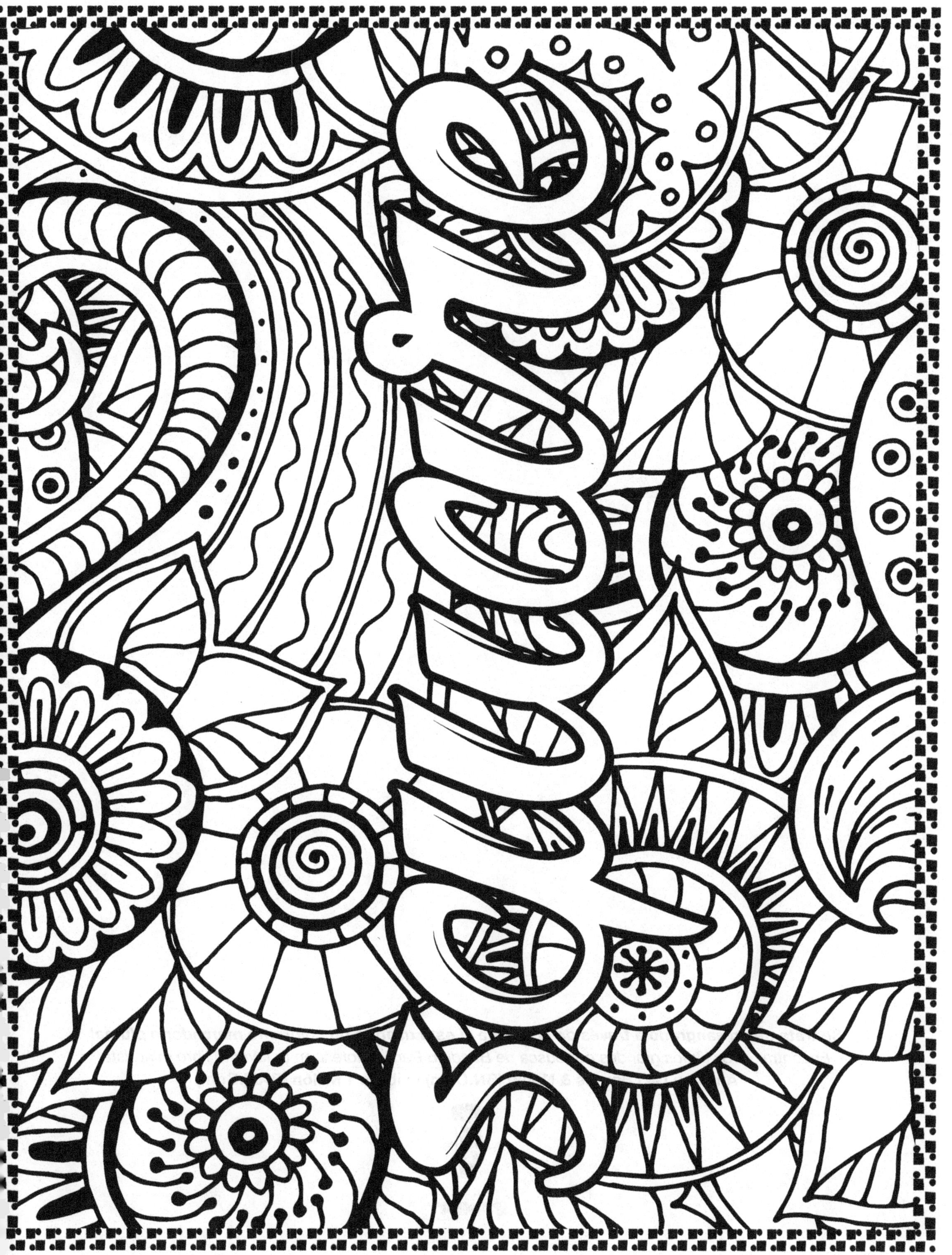

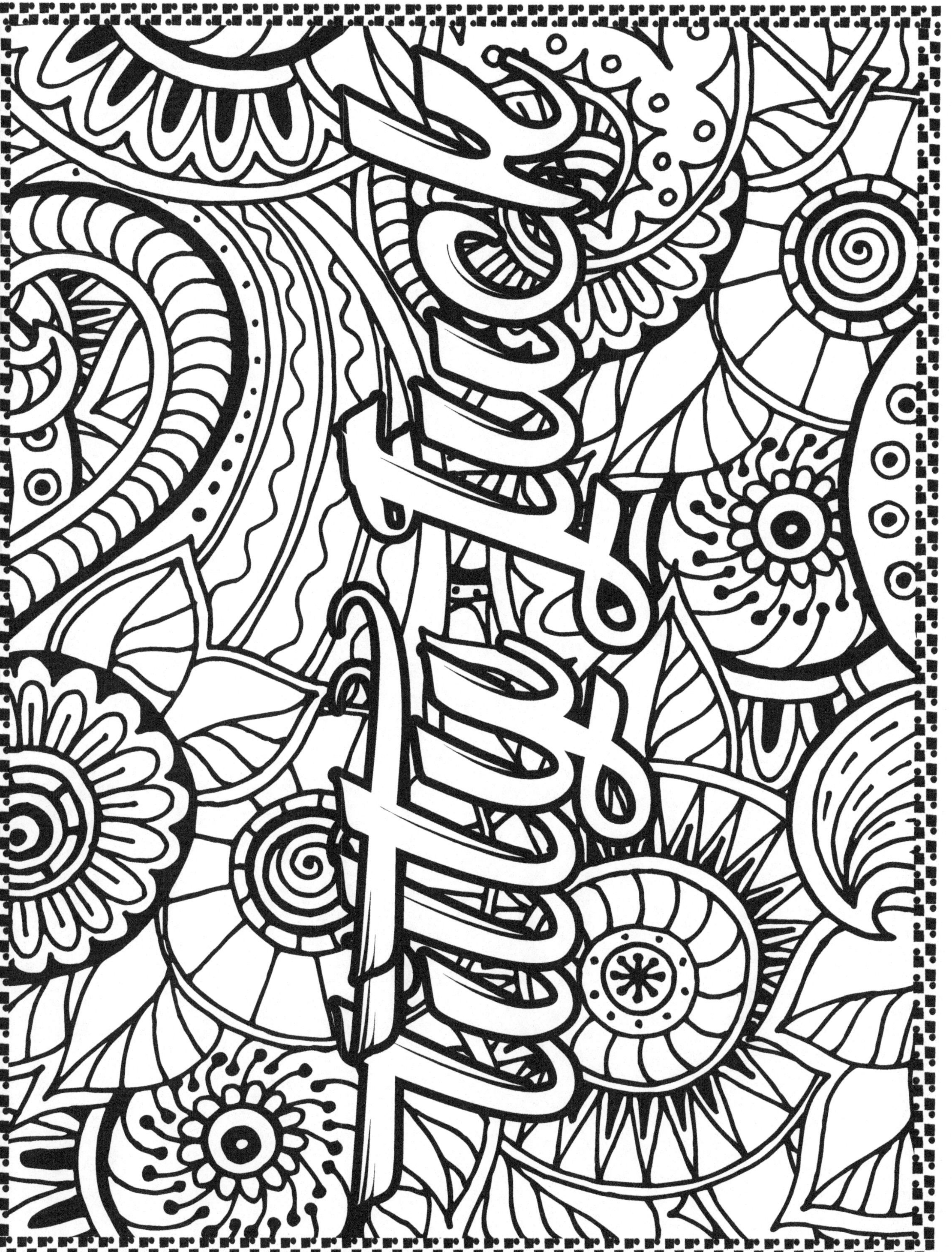

Made in the USA
Monee, IL
07 July 2026

56545408R00059